Buch

Alle Kraft, die der Mensch braucht, um eine Situation zu ändern, kann er aus sich selbst schöpfen, er muß nur wirklich wollen. In dem Augenblick, in dem sich jemand für Freiheit, Glück und Liebe entscheidet, ist er frei, wird er glücklich werden und wird fähig sein, zu lieben. Denn allein auf seine Entscheidung kommt es an, alles andere ist unwichtig, und die Vergangenheit hat nur so viel Macht über uns, wie wir ihr geben. In diesem Praxisbuch wollen Erhard F. Freitag und Carna Zacharias jedem helfen, die Macht der Gedanken richtig einzusetzen, um Probleme, Nöte, Krankheiten zu überwinden und ein glückliches und erfolgreiches Leben zu führen.

Autoren

Erhard F. Freitag wandte sich nach seiner kaufmännischen Ausbildung dem Beruf des Heilpraktikers zu. Er ist heute einer der bekanntesten Hypnotherapeuten der Bundesrepublik und hat seit 1974 in München ein Institut für Hypnoseforschung. Seine Form der Therapie, die auf dem »Positiven Denken« von Dr. Joseph Murphy basiert, ist einmalig in Europa.
Carna Zacharias arbeitet als Autorin und Journalistin in München. Sie schrieb das Kinderbuch »Jana« (1983) und das Sachbuch »Wo liegt Utopia?« (1985).

Von Erhard F. Freitag sind als Goldmann-Taschenbücher
bisher erschienen:
Kraftzentrale Unterbewußtsein.
Der Weg zum positiven Denken (10888)
Hilfe aus dem Unterbewußten. Der spirituelle Weg zum Erfolg (10957)
Erkenne Deine geistige Kraft. Erhard F. Freitag
beantwortet 100 Fragen zum positiven Denken (11812)
(In Zusammenarbeit mit Carna Zacharias)

ERHARD F. FREITAG
CARNA ZACHARIAS

Die Macht Ihrer Gedanken

Das Praxisbuch zur
Kraftzentrale Unterbewußtsein

GOLDMANN VERLAG

Der Goldmann Verlag
ist ein Unternehmen der Verlagsgruppe Bertelsmann

Made in Germany · 12/90 · 8. Auflage
© 1986 by Wilhelm Goldmann Verlag, München
Umschlagentwurf: Design Team München
Umschlagfoto: Hans Wendler, TIB, München
Satz: IBV Satz- und Datentechnik GmbH, Berlin
Druck: Elsnerdruck, Berlin
Verlagsnummer: 10357
Lektorat: Michael Görden/JJ
Herstellung: Gisela Ernst/Sc
ISBN 3-442-10357-6

Inhalt

Vorwort 7

Teil I:
Was ist positiv? 9

Kapitel 1: Wohin wir gehen 11

Kapitel 2: Deine Kraftzentrale Unterbewußtsein 18
So arbeitet unser Unterbewußtsein 19 · Gestalte deine Zukunft selbst 23 · Was ist Hypnose? 26 · So arbeitest du mit Suggestionen 28 · Werde, der du bist! 31

Teil II:
Dein ganz persönliches Erfolgsprogramm 35

Kapitel 1: Übungen zur allgemeinen Sensibilisierung ... 37
Körperübungen 43 · Übungen, die deine Imaginationsfähigkeit schulen 48 · Übungen, die deine Intuition stärken 59 · Übungen, um das »Jetzt« besser zu erfahren 63 · Partner- und Gruppenübungen 68 · Positives Denken im Alltag 74

Kapitel 2: Bring Ordnung in dein Leben! 81
Was du mindestens jeden Tag tun solltest 85 · Was du an einem freien Wochenende tun kannst 87

Kapitel 3: Probleme sind Geschenke 92
Lebenssituationen 92 · Wir sind gerne Opfer 93 · Glück ist entlarvtes Leid 94 · Wenn du einen (Ehe-)Partner suchst 95 · Unglücklich verliebt 98 · Wenn du dir ein Kind wünschst 100 · Schwangerschaft, Geburt 103 · Wenn ein Kind Schulschwierigkeiten hat 105 · Für Eltern von schwierigen Kindern 107 · Für Jugendliche mit schwierigen Eltern 110 · In einer akuten Ehekrise 112 · Bei einer Scheidung 115 · Einsamkeit 117 · Im Krankenhaus 119 · Wenn du jemanden haßt 122 · Wie du der Negati-

vität anderer begegnest 125 · Wie du anderen helfen kannst 127 ·
Vor Prüfungen 130 · Wenn du einen neuen Beruf willst 132 ·
Schlechtes Betriebsklima 134 · Pensionierung 136 · Arbeitslosigkeit 138 · Wenn du eine wichtige Entscheidung treffen mußt
141 · Tod 143 · Reichtum 145 · Warnsignale des Körpers 148 ·
Übergewicht 149 · Streß 151 · Schlaflosigkeit 153 · Depressionen 155 · Rauchen 157 · Alkohol 158 · Sexuelle Probleme 159

Teil III:
Erfahrungen 161

Kapitel 1: »Märchenhafte« Therapieerfolge 163

Kapitel 2: Die häufigsten Fragen an den Therapeuten
und ihre Antworten 171

Nachwort: Vertraue der Gerechtigkeit 184

Unsere ganz persönlichen Buchempfehlungen 187

Stichwortverzeichnis 188

Vorwort

Liebe Leser,
dieses Buch soll helfen, theoretisches Wissen in die Praxis umzusetzen. Wir alle wissen, daß drei Gramm Praxis schwerer wiegen als tausend Tonnen Theorie. Wir nehmen an, daß Sie die Bücher *Kraftzentrale Unterbewußtsein* und *Hilfe aus dem Unbewußten* bereits gelesen haben, daß wir bereits ein Stück des Weges gemeinsam gegangen sind. Doch auch wenn das nicht der Fall sein sollte, steht in dem vorliegenden Buch alles, was Sie wissen müssen. Und vielleicht greifen Sie dann hinterher zu den beiden ersten Büchern...

Um Ihnen und uns die Arbeit zu erleichtern, bitten wir um Ihr Einverständnis, wenn wir ab jetzt die Du-Form in der Anrede wählen. Wir sind überzeugt davon, daß durch das vertraulichere Du mehr Nähe und dadurch eine bessere Verbindung möglich ist.

Noch eine Anmerkung zum Ausdruck »Positives Denken«. Er wird oft verstanden als »Schönfärberei«, doch das ist ein Mißverständnis. Positives Denken sollte richtiger »Konstruktives Denken« heißen, also aufbauendes Denken im Gegensatz zu zerstörendem. Nur ist »konstruktiv« ein sperriges Wort, deshalb vermeiden wir es lieber.

Positives Denken besagt eigentlich nur, daß es – zumindest für den Praktizierenden – subjektiv als positiv empfunden wird. Einigen wir uns auf die Definition: »Ziel des Positiven Denkens ist Schaffung einer für viele (alle) angenehmen Situation.«

Wir möchten dir zur Einstimmung auf dieses Buch einige Sätze von Prentice Mulford mit auf den Weg geben. Wir hoffen, daß sie dir Mut machen und dich mit Freude ans Werk gehen lassen:
»Wie jedes Stück Eisen magnetisch gemacht wird durch Kontakt, so kann auch der gewöhnliche Mensch, der scheinbar unbegabte, Kräfte an sich ziehen und dadurch selber geistig schöpferisch werden. *Welchen* Strömen er sich öffnet, das wird die Qualität seiner Ladung bestimmen...«

Wir wünschen dir, daß du den allergrößten Gewinn aus der Lektüre dieses Buches ziehst. Schreib uns, wir freuen uns auf deinen Brief!

Herbst 1986

Carna Zacharias, Erhard F. Freitag

Teil I:

Was ist positiv?

Kapitel 1:
Wohin wir gehen

Du willst dich ändern. Der Beweis dafür ist, daß du dieses Buch gekauft hast. Du möchtest dich entwickeln, deine Persönlichkeit aufbauen und festigen. Eine wesentliche Voraussetzung dafür ist, daß du Neues annehmen kannst, daß du Fremdes, ja sogar dir zunächst Widerstrebendes, akzeptierst.

Wie pflegen wir im allgemeinen mit einer neuen Situation umzugehen? Hier ein einfaches Beispiel. Wenn du die folgende Aufgabe gelesen hast, schließe bitte die Augen und löse sie: Sage laut das Wort NEIN rückwärts...

Hast du bemerkt, wie du bei der Lösung der Aufgabe vorgegangen bist? Du hast dir das Wort zuerst einmal richtig geschrieben vorgestellt – und erst im zweiten Schritt rückwärts gelesen. Genauso gehen wir mit allem Neuen um, dem wir gegenübergestellt werden. Stehen wir vor einer noch nie dagewesenen Situation, liefert uns augenblicklich der perfekteste Computer, den es gibt – unser Gehirn –, Daten aus der Vergangenheit. Mit Hilfe dieser Daten konstruieren wir das Ergebnis der neuen Situation sozusagen im Planspiel. Und je nachdem, wie der »output« unseres Computers aussieht, gehen wir dann in die neue Situation hinein oder weichen ihr aus.

Das scheint ein effektives Verfahren zu sein. Doch das ist es nur auf den ersten Blick. Der Haken dabei ist nämlich, *daß die neue Situation meist nur sehr wenig mit deinen vergangenen Erfahrungen zu tun hat*. Natürlich gibt es gewisse Ereignisse, die durchaus mit dem Verstand berechenbar sind, zum Beispiel kannst du es dir sparen, die Niagarafälle hinunterzuspringen. Die Wahrscheinlichkeit, daß du hinterher nicht tot bist, ist einfach zu gering.

Dennoch tust du, sobald du mit etwas Neuem, Unbekanntem konfrontiert bist, fast immer so, als verlange jemand von dir, die Niagarafälle hinunterzuspringen! Du zauderst, du ziehst dich zurück in die Sicherheit der alten Verhaltensmuster, du findest tausend Rechtfertigungen (die Daten aus der Vergangenheit!), die dir dringend davon abraten, dich ins fremde Gelände zu wagen.

Nehmen wir ein Baby, das sofort nach der Geburt, aus welchen Gründen auch immer, von der Mutter getrennt wurde. Es wird die ersten Jahre seines Lebens von Heim zu Heim gegeben, ist mal bei Verwandten, mal bei Pflegeeltern. Es hat keinerlei Orientierung, es erfährt niemals, was »zu Hause« ist. Es entwickelt eine starke Angst vor »Fremden«, weil diese das Kind, kaum daß es sich an eine Umgebung gewöhnt hat, wieder woanders hinbringen. Das Kind fühlt sich ständig hilflos den Aktionen anderer Menschen ausgeliefert. Dieses Kind wird nun erwachsen, es macht seinen Weg, weil es intelligent ist – doch es hat ein bestimmtes Programm gespeichert. Dieses Programm heißt: »Fremde Menschen sind meine Feinde. Fremde Menschen wollen mir Böses. Ich kann niemandem vertrauen.« Wird nun dieser Mensch vor neue Situationen gestellt, die mit »Fremden« zu tun haben, weicht er automatisch davor zurück, weil die Informationen zu diesem Thema, die sich das Gehirn aus der Vergangenheit hergeholt hat, extrem negativ sind.

Da er sich deshalb aber nie einer Situation aussetzt, in der er feststellen könnte, daß Fremde auch hilfreich und liebevoll sein können und dann auch nicht länger Fremde sind, da er dieser neuen Erfahrung *von vornherein* ausweicht, bleibt sein altes Programm wirksam. Und er hat weiterhin Angst vor Fremden…

Bei den meisten Menschen tritt erst mal ein »Fluchtreflex« ein, wenn sie einer unbekannten Situation gegenüberstehen: »Nur weg hier«, »Was soll der Blödsinn«, »Aber nicht mit mir«. Wenn du diesem Fluchtreflex *nicht* nachgibst, wenn du standhältst, anstatt zu flüchten, dann wirst du erstaunliche Erfahrungen machen. Du wirst es nicht nur »überleben«, nein, du erfährst es auch am eigenen Leib, daß alles ganz anders sein kann als früher. Ja, daß alles ganz anders *ist*. Die Augenblicke, in denen du das erkennst, werden zu den größten Glücksmomenten deines Lebens zählen.

»In der Schöpfung scheint es so, daß Gott im Gestein schläft, in den Blumen träumt, in den Tieren erwacht und im Menschen weiß, daß er wach ist.« (Yogananda)

Vereinfacht gesagt, hat sich die Evolution aus dem Mineralreich entwickelt. Wir sagen von den Steinen, daß dies unbelebte Materie ist, doch wenn wir einen esoterischen Standpunkt einnehmen, stellen wir fest, daß auch ein Stein Bewußtsein ist. Er ist nicht in dem Sinne bewußt, wie wir es sind oder sein sollten, doch er stellt auch eine Form von Bewußtsein dar. Materie ist die niedrigste Form von Bewußtsein, und Bewußtsein ist die höchste Form von Materie, beides ist austauschbar. Ein Stein wird sich weiterentwickeln, vielleicht um eine logische Kette aufzubauen, indem er durch Erosion zerfällt. Irgendwann einmal kommt etwas hinzu, das eine höhere Form von Bewußtsein darstellt. Ein Funke springt von irgendwo über, und dieser Funke schafft vielleicht etwas, das wir mit Mikroorganismus bezeichnen – Einzeller, unendlich kleine Lebewesen, aber Leben! Da ist schon Organisation, da ist schon Prinzip.

Eine Zwischenstufe ist mit Sicherheit der Kristall. Ist es nicht faszinierend, in den Juweliergeschäften graue Steine zu sehen, die in der Mitte aufgeschlagen worden sind und den Blick auf viele bunte Kristalle freigeben? Wir können uns mit Kristallen nicht unterhalten, aber sie wachsen. Und Wachsen ist ein Merkmal von Leben. Da ist schon auf der niedrigsten Ebene so etwas wie Organisation. Vielleicht ist ein Felsen noch etwas Unorganisiertes (vielleicht aber durchschauen wir seine Art von Organisation nur nicht), bei einem wachsenden Kristall jedenfalls ist dieses Prinzip schon sichtbar. Danach kommen die Pflanzen, von denen wir in unserer Unsensibilität lange angenommen haben, sie würden nichts anderes sein als zwar wachsende, aber sonst gefühllose Organismen. Spätestens seit dem hervorragenden Buch *Das geheime Seelenleben der Pflanzen* von C. Backster wissen wir, daß Pflanzen Gefühle haben, daß sie auf Lob und Liebe mit vermehrtem Wachstum reagieren, daß sie Furcht und sogar Eifersucht empfinden können. Jede Hausfrau sollte wissen, daß ihre Zimmerpflanzen auf sie reagieren, wenn sie mit ihnen spricht; Pflanzen erkennen sogar, wie ein Haustier, die Person wieder, die ihnen Wasser gibt! Du kannst Pflanzen mit liebevollen Worten »hochpäppeln«, du kannst sie zu ungeahnter Blütenpracht bringen. Sprich mit deinen Blumen, auch wenn andere sagen, daß du nicht ganz »dicht« seist. *Sie* sind eingeschränkt in ihrer Sicht, denn sie erkennen nicht die wahre Natur der Dinge.

Natürlich kannst du auch in der freien Natur Kontakt zu Pflanzen aufnehmen. Geh doch mal auf einen großen, mächtigen Baum zu, der dir auf Anhieb sympathisch ist. Nimm aus einer Entfernung von etwa 50 Metern zum erstenmal Kontakt mit ihm auf. Sag zu ihm: »Hallo Baum, es ist gut, daß es dich gibt. Ich komme jetzt, um mit dir zu sprechen, um innerlich mit dir zu schwingen.« Dann gehst du näher an ihn heran, auf 20 Meter, und versuchst, sein Energiefeld zu fühlen. Vielleicht bist du schon sensitiv genug, daß du es tatsächlich fühlen kannst. Dann geh noch näher heran, auf 10 Meter. Fühle ihn jetzt, halte deine Hände in seine Richtung, benutze sie als Antennen und fühle deinen Baum. Nun gehe noch näher heran, berühre seinen Stamm, setze dich zu seinen Füßen, lehne dich an ihn und schließe die Augen. Gehe ganz sanft und meditativ eine Verbindung mit ihm ein. Wenn du nicht ein Mensch bist, der vollkommen in seinem Kopf gefangen ist, wirst du Wunder erleben. Es werden seltsame Dinge geschehen. Du wirst plötzlich das Gefühl haben zu träumen. Der Verstand sagt: Das war irreal, das war Quatsch, doch deine Intuition wird dir sagen: Mein Gott, ich habe tatsächlich mit diesem Baum gesprochen. Er hat mir etwas gesagt, er hat sich mir mitgeteilt. Ich will jetzt auch zu ihm sprechen, ihm sagen, daß ich ihn wegen seiner Stärke und seiner Anmut bewundere, daß er etwas Wunderbares ist und mir Ruhe und Geborgenheit schenkt.

Nimm Kontakt auf zu dieser Ebene der Evolution. Sie ist nicht eine niedrigere Stufe im Sinne von minderwertiger. Du kannst viel von ihr (wieder) lernen, was du lange vergessen hattest, weil dein Intellekt es so anordnete. Hier, im Pflanzenreich, sind tatsächlich deine »Wurzeln«.

Danach kommt das Tierreich, eine Stufe der Evolution, mit der wir noch sehr verwandt sind. Hier findet sich schon sehr viel Individualität, Charakter, Beziehungsfreiheit. Wir können mit der Seele eines Tieres eine ganz persönliche Verbindung aufnehmen, wir können es lieben. Einem Tier aus Gleichgültigkeit oder Bösartigkeit Schmerz zuzufügen, zeugt von einem hohen Grad an Un-Bewußtsein.

Die ausgeprägten Wesensmerkmale von Tieren verkörpern auch seelische Aspekte von uns selbst. Die Treue eines Hundes, die anmutige Gefährlichkeit einer Raubkatze, die Freiheit eines Vogels, die Triebhaftigkeit eines Pferdes – wir alle tragen diese Tiere in uns. Achte einmal darauf, wie oft du von Tieren träumst! Dein Unterbewußtsein liebt es, sich symbolisch in Tieren auszudrücken.

Die Grenze zwischen Tier und Mensch ist nicht so scharf, wie wir das manchmal gerne hätten. Wann war definitiv das eine Wesen noch Affe und das andere schon Mensch? Man kann es nicht sagen, denn die Entwicklung vollzog sich fließend. Es gibt Anzeichen dafür, daß es jetzt Tiere auf unserem Planeten gibt, die uns in manchen Gebieten der geistigen Entwicklung sogar überlegen sind. John C. Lilly, der faszinierende Experimente mit Delphinen machte, fand zum Beispiel heraus, daß diese Wesen über eine differenziertere Sprache verfügen als wir!

Zur Zeit, und auf diesem Planeten, betrachten wir uns als die Krone der Schöpfung. Doch auch wir sind, wie es der indische Yogi und Philosoph Sri Aurobindo ausgedrückt hat, »Wesen des Übergangs«, wir sind »ein Ruf, der wächst«.

Wir sind individuelles, spezielles Bewußtsein, und das, worauf die Evolution hinausläuft, ist universelles, prinzipielles Bewußtsein. Also gilt es zu sagen, wenn du der Evolution freien Raum geben willst (tust du es nicht, wirst du durch Leiden dazu gezwungen): »Ich erkenne, daß ich eine Übergangsstufe bin. Ich gebe mein Ego zugunsten eines überindividuellen Prinzips auf.« Wenn du das kannst, geschieht Gottgleiches, Göttliches, denn nichts anderes ist dieses Prinzipielle, Universelle. Nenne es, wie du willst. Nenne es Gott, Buddha, Tao, Licht, Geist, Allah, Brahma, es ist gleichgültig. Jeder Name ist richtig, jeder ist falsch.

Unser enormes Maß an Egoismus, Kampfbereitschaft, Abgrenzung gegen andere ist ein Relikt aus unserer tierischen Vergangenheit und aus der Dämmerung der Menschheit. Damals brauchtest du diese Eigenschaften, um zu überleben, *doch heute sind es genau diese Eigenschaften, die das Überleben der Menschheit gefährden*. Der dumpfe Egoismus, die Rivalität, die Feindseligkeit gegen andere – dieses »Steinzeitbewußtsein« läßt uns heute unsere Umwelt zerstören und ein mörderisches Wettrüsten fortführen. Doch selbst wenn wir alle Waffen, die wir haben, auf der Stelle vernichten würden – es wären in kürzester Zeit neue da. Es gilt nicht, die Waffen abzuschaffen, sondern erst einmal das *Bewußtsein* zu verändern, das diese Waffen ersinnt und »notwendig« macht.

Jede Weisheitslehre, sei es christliche Mystik, Zen, Taoismus, Yoga, Sufismus, Positives Denken, indianische Naturreligion oder was auch immer – alle haben nur ein Ziel, seien die Wege dorthin noch so unterschiedlich: *das Ego zugunsten eines höheren, universellen Prinzips zu überwinden.*

Du kannst dich gegen all diese Einsichten sperren, doch dann bist du ein Dinosaurier, ein Relikt aus der Urzeit, und die Entwicklung wird über dich hinwegrollen. Denn eines Tages werden wir nicht mehr singen »We are one« (wir sind eins), sondern wir werden es *sein*. Einfach sein.

Wir können nicht darüber reden, wie diese neue Stufe der Evolution tatsächlich aussehen wird, genausowenig, wie sich die Affen darüber klar sein konnten, wie ein Mensch beschaffen sein würde. Aber plötzlich wird die Veränderung da sein. Der Yogi Satprem beschrieb es so: »Ein ungeheures Gelächter wird die Brust der Erde erschüttern, und dann haben wir's geschafft!«

Das war ein bißchen Zukunftsmusik, doch manchmal muß man den Blick zu den Sternen aufheben, um die Orientierung nicht zu verlieren. Du bist ein Teil dieses gewaltigen Umwandlungsprozesses, und du bist auf die Erde gekommen, um dein Bestes dafür zu tun. Nicht das Beste von Klaus und Beate, Hinz und Kunz, sondern *dein* Bestes. Du wirst die Welt allein nicht »retten«, aber du bist eine notwendige Größe im Spiel des Lebens, du bist einer von fünf Milliarden Wegen zum Ziel. Wenn du dich klein und unbedeutend fühlst, so verleugnest du den göttlichen Auftrag in dir. Falls du nicht weißt, wo's langgeht, so streck einfach die Hand aus. Du wirst geführt werden.

»Wenn der Schläfer erwacht« (so der Titel eines Buches), dann wird er die Wahrheit sehen. Und die Wahrheit wird ihn, wird dich frei machen. Alles, was du tun mußt, ist also aufzuwachen. Aufzuwachen aus dem Schlaf der Unbewußtheit. Balle einmal deine Hand zu einer Faust, und jetzt öffne sie ganz langsam, bis alle fünf Finger gerade sind. Das ist ein körperliches Symbol für dein Aufwachen. Wenn du dich ärgerlich, müde, deprimiert fühlst, wenn du alles »sinnlos« findest, dann mach diese Geste. Die wird dir dein Ziel wieder vor Augen führen.

Und nun wollen wir uns mit Spaß und Elan an die Arbeit begeben. An die schönste und lohnendste Arbeit, die es überhaupt gibt: die

Arbeit an sich selbst. Auf den folgenden Seiten machen wir dich zunächst ganz kurz mit den theoretischen Grundlagen des Positiven Denkens vertraut. Doch dann folgt sogleich die Praxis.

Kapitel 2:
Deine Kraftzentrale Unterbewußtsein

Du glaubst nicht, was »wahr« ist, sondern was du glaubst, wird dadurch für dich wahr. Dein Intellekt wirkt in mehrfacher Funktion, er ist zum Beispiel der Filter, durch den du die Welt erkennst. Je nach Machtbefugnis wird der Verstand dir eine verstandesgemäße Darstellung des Lebens anbieten oder, falls deine Intuition, deine Spiritualität mitangehört werden, kann sich in einigen Grenzbereichen eine transzendente Weltschau einstellen.

Du erfährst von deiner äußeren Welt nur, was den Filter der Ratio von innen nach außen passieren konnte und dann als Reflexion zu dir zurückkehrt. Du erkennst im Äußeren an Werten nur, was an geistigen Werten in dir seine Entsprechung hat. Du kannst also in der äußeren Welt lediglich jene Dinge materialisieren, die in dir bereits an geistigen Potentialen vorhanden sind. Fachlich ausgedrückt heißt das: *Du mußt in dir das geistige Äquivalent zu deinen materiellen Wünschen haben.* Gewissermaßen projizierst du Inneres (Geistiges) auf die Leinwand des Raumes (Materialisation). Geist ist immer die vorrangige Wirklichkeit. Die Bibel verleiht der Stimme des Geistes das Wort, wenn es heißt: »Es gibt keine Manifestation denn durch mich.« Was hingegen letztlich »Geist« ist, entzieht sich weitgehend unserem Verständnis. Wenn er der letzte Hintergrund, sozusagen die hintergründigste Ursache ist, so müssen wir diese Annahme einfach akzeptieren. Es ist wohl noch zu früh, sich über die Beschaffenheit der »Realität« ein Urteil zu bilden. Wie auch immer dir die Realität erfaßbar ist, ist abhängig von den Mitteln, mit denen du sie zu erfassen suchst. Je weniger du rational suchst, desto besser lernst du das zunächst Irrationale zu verstehen, richtiger ausgedrückt, zu erfahren. Lerne intuitiv – nicht über den Verstand – zu verstehen. Dein rationales Wissen wird mit seiner Zunahme auch gleichzeitig dein Nichtwissen vermehren. Und Hindernis zwischen dir und deinen anderen Dimensionen sein.

Auf der Suche nach Erkenntnis ist der effektivste Weg, sich leer zu machen. Alles, was sich vor dem Leersein befindet, verstellt den

Weg, den Blick auf das, was ist. Alles, was an Informationen vorhanden ist, wird zur Projektion herangezogen und verzerrt deine Objektivität ins Subjektive.

Ein anderer Begriff, der Verstehen des Geistigen zur Folge haben kann, ist Bewußtsein. Geist und Bewußtsein sind miteinander verwandte Größen. Eine Eigenschaft von Bewußtsein ist, daß es unabhängig von Materie existiert. Es kann wohl mit ihr in Wechselwirkung treten, dennoch muß es als eigenständige Realität bezeichnet werden. Materie wird vom Geist-Bewußtsein benutzt zur Aktion im physikalischen Raum-Zeit-Gefüge. Vielleicht liegt im Wort »Bewußtsein« die größte Annäherung an den wahren Hintergrund von allem, was existiert. Vielleicht ist es die einzige Realität.

So arbeitet unser Unterbewußtsein

Positives Denken ist eine tief von innen kommende Lebensanschauung, die sich *jeder*, der bereit und offen dafür ist, erarbeiten kann. Nichts in unserem Leben passiert, ohne daß wir dafür die Weichen gestellt haben. Das bedeutet wiederum, daß wir für unser Handeln verantwortlich sind. Wie aber entstehen diese Verbindungen? Wo wir doch so leicht geneigt sind, unsere Mißerfolge »Zufällen«, »Umständen« oder einfach dem »Schicksal« anzulasten. Wenn du aber erst einmal erkannt hast, daß alle Probleme von dir ausgehen und deshalb auch wieder zu dir zurückkehren, so hast du bereits einen Schritt in Richtung Positives Denken gemacht.

All die Ursachen für unser Verhalten, für unsere Gewohnheiten, für die »Zufälle« sind in unserem Unterbewußtsein zu suchen. Direkt beschreiben können wir das Unterbewußtsein nicht, weil wir vom Verstand her keine vergleichbare Größe haben. Stell es dir als etwas vor, das nicht räumlich, nicht zeitlich orientiert ist, das nicht materiell existiert. Stell es dir vor wie einen Gedanken, der zwar nicht faßbar, greifbar, aber dennoch vorhanden ist.

Das Unterbewußtsein hat niemals begonnen zu sein, es wird niemals aufhören zu sein.

Wir alle wollen bewußter, positiver und dadurch glücklicher und erfolgreicher werden. Mehr dem Sinn der Evolution entsprechen. Das Unterbewußtsein ist – im übertragenen Sinn – unter dem Bewußtsein. Das Unterbewußtsein verfügt über enorme Eigenschaften: Es liebt Unterhaltung, körperliche Sensationen, wie z. B. Essen, Sex, in der Sonne liegen, und es liebt die *Wiederholung* dieser Unterhaltung, der körperlichen Sensationen. Es hat die Eigenschaft einer Tonbandkassette. Es ist die einzige Aufgabe dieser Kassette, zu speichern, festzuhalten und auf Abruf das Gespeicherte verstärkt wiederzugeben. Du kannst dein Unterbewußtsein auch mit deinem Bankkonto vergleichen. Alles, was du dort deponierst, bleibt dort, ja, wird sogar mehr. Das gilt für die Soll- wie für die Habenseite. Kassette und Bankkonto haben gemeinsam, daß es ihnen egal ist, was du speicherst oder deponierst. Und ebenso funktioniert dein Unterbewußtsein. Es speichert deine Gedanken, und es ist ihm egal, was du denkst. Es arbeitet unpersönlich und neutral, es hat weder die Fähigkeit noch das Recht, darüber zu urteilen, ob das, was du denkst, gut ist oder nicht. Es versucht lediglich, dem »oberen« Bewußtsein zu Diensten zu sein. Es arbeitet wie ein dienstbarer Geist, der die Wünsche seines Herrn erfüllen möchte. Es führt alle Befehle des Bewußtseins aus, die ihm in Form von Gedanken, Wünschen, Ideen vorgesetzt werden.

Das bewußte Denken hingegen ist der wesentliche Kontrollknopf. Das Bewußtsein selbst hat dem Unterbewußtsein die unrealistische, unwahre Ansicht über die eigene Fähigkeit, die eigenen Fehler beigebracht. Und nur das Bewußtsein, in klaren und positiven Gedanken, kann dem Unterbewußtsein auch wieder andere, bessere Verhaltensweisen eingeben. Und deshalb kann es auch nur durch unsere Gedanken beeinflußt und geändert werden. Wir sehen also, *daß es nicht unterscheidet, sondern nur aufnimmt, speichert und wiedergibt.* Und jetzt sind wir schon an dem entscheidenden Punkt angelangt, der vielleicht gerade wegen seiner Einfachheit so schwer zu verstehen ist. Denkst du destruktiv, so muß das Unterbewußtsein aufgrund seiner einfachen Struktur annehmen, daß du destruktiv sein willst. Und es beginnt, das Destruktive zu verstärken, es zu materialisieren. Redest du von Krankheit, so schließt das Unterbewußtsein daraus, daß es das ist, was du möchtest. Es ist seine Aufgabe, deine Gedanken zu realisieren. Sprichst du nun von Gesundheit, so fängt das Unterbewußtsein mit derselben Intensität an, diesen Gedanken zu materialisieren.

Das Unterbewußtsein hat den Auftrag, dein Bewußtsein von Informationen freizuhalten, von Informationen, die du zwar brauchst, aber nicht ständig parat haben mußt. Dadurch bleibt dein Bewußtsein frei für seine Hauptaufgabe: kreativ zu sein. Hätten wir alle unser Wissen ständig im Bewußtsein, dann wäre diese Kreativität, die uns von Tier und Pflanze unterscheidet, empfindlich beeinträchtigt. Wir wissen, daß das Unterbewußtsein als Transformator arbeitet. Ein Gedanke ist eine geistige Größe, eine höhere geistige Dimension, in der weder Raum noch Zeit existieren. Das Unterbewußtsein formt diese geistige Vorstellung um. Wenn wir also ein Ziel haben, so sind wir jetzt bereits auf dem Weg, denn nur wer ein Ziel hat, kann überhaupt ankommen. Es ist also wichtig, daß du weißt, was du willst. Du kannst deine Wünsche individuell gestalten oder auch allgemein gültige Ideale für dich in Anspruch nehmen. So wichtig wie dein Ziel ist das Wissen um die Funktion des Unterbewußtseins.

Die Sprache des Unterbewußtseins ist eine bildhafte Sprache. Es versteht nämlich nicht ein einziges Wort – es versteht nur die Bilder, die hinter jedem Wort stehen. Wenn du beispielsweise einen russischen Satz auswendig lernst, von dem man dir gesagt hat, daß er bedeutet: »Ich sehne mich von ganzem Herzen nach Gesundheit« – dann speichert das Unterbewußtsein mit diesem Satz die Vorstellung »Gesundheit« und setzt ihn in eine bildhafte Darstellung von Gesundheit um.

Die Fähigkeit der kleinen Kinder, in Bildern zu denken, geht oft im Lauf der Jahre verloren. Wenn wir heute vor die Aufgabe gestellt werden, bildhaft zu denken, erscheint uns dies schwierig. Das sollte dich aber nicht beunruhigen, denn jeder Mensch hat diese Fähigkeit, Bilder vor seinem geistigen Auge entstehen zu lassen. Stell dir deinen Wunsch vor, z. B. daß du die Fahrprüfung bestehst. Male dir in Gedanken aus, wie du sicher und ruhig zu dieser Prüfung gehst, wie du die Aufgaben, die dir der Fahrlehrer gibt, spielend meisterst. Du siehst, wie du bereits beim ersten Anlauf in die Parklücke kommst, wie du souverän die Vorfahrtstraßen beachtest. Spürst du schon deine Gelassenheit und Ruhe? Nun steigst du aus, der Fahrlehrer beglückwünscht dich und übergibt dir den Führerschein. Das ist die Sprache, die dein Unterbewußtsein versteht. Und mit einiger Übung kannst du diese Sprache sprechen.

Schon die Vorstellung einer bestimmten Handlungsweise ist fast gleichwertig mit der Ausführung selbst. Die gedankliche Übung ist die wichtigste Hilfe für die Vervollkommnung der Persönlichkeit. In einem Experiment wurde bewiesen, daß die rein gedankliche Übung des Bogenschießens – genügend lange durchgeführt – zur gleichen Vervollkommnung der Treffsicherheit führt wie das tatsächliche Bogenschießen selbst. Erfolgreiche Männer und Frauen haben schon zu allen Zeiten gedankliche Vorstellungen und Rollenspiele zu ihrer Vervollkommnung benutzt. Napoleon übte jahrelang in Gedanken die Kriegskunst aus, ehe er die erste Kampfhandlung selbst leitete. Er sah sich als Kommandeur der Insel Korsika und übte Schlachten mit mathematischer Genauigkeit. Baron Hilton führte in Gedanken schon eines seiner Riesenhotels, lange bevor er sich überhaupt ein Hotel kaufen konnte. Als Junge spielte er gern Hoteldirektor. Du sollst natürlich weder Napoleon spielen noch Mr. Hilton sein, du sollst du selbst sein mit *deinen* Wünschen und Zielen.

Du siehst, das Unterbewußtsein funktioniert ganz einfach. Also, *habe eine klare Zielvorstellung.* Du mußt die geistige Entsprechung dessen, das du haben willst, in dir haben. So einfach dieser Satz auch klingt, so schwierig mag er tatsächlich zu verstehen sein. Verinnerliche diesen Gedanken in seiner ganzen Bedeutung, denn diese Erkenntnis ist notwendig für die Arbeit an dir selbst. Es ist der Boden für die Saat, die du aufgehen läßt.

Man kann das Unterbewußtsein mit einem Garten vergleichen, bei dem wir als Gärtner entscheiden, was wir daraus machen: einen Urwald, eine Monokultur oder einen Garten Eden. Wir haben die Wahl und – zugegeben –, es ist eine schwierige, unbequeme Entscheidung, die aber für jeden von uns einmal fällig wird. Haben wir gewählt, dann fangen wir gleich mit den Vorbereitungsarbeiten an. Wir entfernen die Steine, schaffen Bewässerungsmöglichkeiten oder entwässern. Ebenso ist es mit der Arbeit an uns selbst. Wenn wir uns entschieden haben – und du hast das schon getan oder bist zumindest auf dem Weg dazu, wenn du bis hierher gelesen hast –, dann werden wir anfangen, die Hindernisse in uns ausfindig zu machen, und versuchen, sie abzubauen. Negative Programmierungen, Frustrationen, Ängste und Aggressionen können wir mit gezielter Arbeit abbauen, und wir können uns eine positive Einstellung zu uns und zu unserer Umwelt erarbeiten.

Gestalte deine Zukunft selbst

Nachdem wir nun etwas über die Entwicklung und die Funktion des Unterbewußtseins wissen, sollten wir uns jetzt mit uns selbst beschäftigen. Überprüfe deine Gedanken. Erlebst du es nicht oft, daß deine *Befürchtungen* eintreffen? Kaum hustet jemand in deiner Nähe, schon denkst du: »Hoffentlich bekomme ich keine Erkältung.« Und du bist dann auch nicht erstaunt, wenn du tatsächlich hustest, weil du annimmst, der andere habe dich angesteckt. Aber jetzt bist du schon einen Schritt weiter, denn du hast erkannt, daß du deinen Husten nicht von deinem Nachbarn hast, sondern daß deine Gedanken an Erkältung dein Unterbewußtsein auf Erkältung programmiert haben. Dein Unterbewußtsein hat nur erfolgreich gearbeitet und deine Befürchtungen realisiert.

Eine Grundvoraussetzung ist der Glaube an die Erfüllung deiner Wünsche. Solange du Zweifel hast, kein festes Ziel vor dir siehst und du innerlich schwankst, so lange kann auch deine Kraft in dir nicht wirksam werden. Innerlich zerrissen und unsicher, bleibst du auf der Stelle stehen, kommst nicht voran. Der geistige Zwiespalt lähmt deine Kraft und zermürbt dich. Werde deshalb zu einer geistigen *Einheit* und handle danach. Dann wirst du auch einen geraden Weg sehen, einen Weg auf der Sonnenseite des Lebens, auf dem du die Begleiter findest, in deren Gesellschaft du dich wohl fühlst. So wie du deinen Partner, deine Freunde und deinen Beruf aussuchst, so solltest du auch diese Werte aussuchen: Frieden, Harmonie, Erfüllung und geistigen und materiellen Reichtum.

Triff deine persönliche Wahl – trenne dich von deinen negativen Weggefährten –, wähle bewußt das Positive, das Schöne und Beglükkende. Sage ja zum Leben, zur Freude, zu Glück und Erfolg. *Denke richtig, dann handelst du auch richtig.* Wenn du eine Fehlentscheidung getroffen hast, dann basiert sie auf falschen Informationen, Gedanken. Nicht Gott oder eine andere Macht straft dich, sondern du hast dein Unterwußtsein angewiesen, deine eigenen negativen Gedanken zu verwirklichen. So ist auch deine heutige Situation ganz einfach das Ergebnis deiner Gedanken aus der Vergangenheit. Du hattest negative Gefühle, hast negativ gedacht, und folglich hast du heute diese Probleme. Was du nun logischerweise heute denkst, wird sich morgen realisieren. Es ist deshalb nie zu spät, dein Leben aktiv zu verändern.

Machmal kommen enttäuschte Menschen in die Praxis und berichten, daß sie trotz positiver Suggestionen keinen Erfolg erzielen konnten. Diese Menschen haben nicht den Boden für die Suggestionen bereitet. Niemand wird den schönsten Samen auf ein Feld voller Disteln und Steine werfen und ein üppiges Blumenfeld erwarten. Jeder weiß, daß der Boden für Blumen erst vorbereitet werden muß, aber nur wenige machen es sich bewußt, daß für eine positive Lebensveränderung auch erst die Grundlage geschaffen werden muß. Erst diese wichtige Einsicht in die Zusammenhänge ermöglicht eine Änderung. Verdeutliche dir Ursache und Wirkung, setze diese Wahrheit um, und dann kannst du mit der praktischen Arbeit beginnen. Sorge dafür, daß das kommt, was du liebst, sonst mußt du lieben, was du bekommst.

Du willst deine Zukunft gestalten, und zwar selbst gestalten, und nicht darauf warten, was sie bringt. Du mußt nun dein Unterbewußtsein über deine Wünsche informieren – *bildhaft* informieren. Mache dabei nicht den Fehler, dich mit den Dingen zu beschäftigen, die du loswerden willst. Es ist niemals möglich, Probleme loszuwerden, indem du dich damit befaßt. Sich mit Problemen befassen, heißt, sie zu vergrößern. Vergangenes ist vergangen und sollte es bleiben. Eigentlich wäre ein »Vergeßnis« hilfreicher als ein Gedächtnis. Wir sollten viel mehr imaginieren, d. h. schöpfen, schaffen – denken. Imaginiere, stell dir vor, daß das, was du möchtest, automatisch da ist und als logische Folge das, was du nicht willst, auflöst.

Ein gutes Beispiel bietet auch hier wieder die Krankheit – ein Zustand, den fast jeder von uns kennt. Du bist also krank, deine Krankheit ist dir unangenehm. Du beschäftigst dich deshalb immer mehr mit deiner Krankheit, und sie erhält dadurch einen hohen Stellenwert in deinem Leben – sie wird sich also weiter ausbreiten. Nachdem du aber jetzt das System durchschaut hast, beschäftigst du dich mit deiner Gesundheit. Und da alles, womit du dich befaßt, nur größer werden kann, wird deine Krankheit automatisch kleiner in dem Maß, in dem deine Gesundheit sich ausbreitet. Befasse dich mit Gesundheit, mit gesundem Essen und gesundem Trinken, stell dir vor, wie du dich gesund fühlst, wie du gesund aussiehst, und die Relation wird sich in dir verschieben: Krankheit zu Gesundheit. Dasselbe gilt natürlich auch für deine Schulden, für deine Probleme.

Wenn du dir also deine positiven Suggestionen erarbeitest und sie dir jeden Tag eingibst, dann trifft deine Suggestion zuerst auf das ganz normale Potential an Negativem, das heute jeder von uns in sich trägt. Diese negativen Programmierungen haben wir nicht nur durch unsere Erziehung, wir werden täglich negativ beeinflußt durch unsere Gesellschaft. Stell den Fernseher an, blättere in der Zeitung. Was findest du? Über und über negative Nachrichten. Deine persönliche Suggestion ist also nur ein Tropfen auf dem heißen Stein, aber der höhlt ja bekanntlich. Es ist eine Frage der Zeit. In einigen Jahrzehnten, Jahrhunderten hat dieser Tropfen den Stein dann tatsächlich gehöhlt. Das Ziel ist erreicht.

In mir selbst steckt so viel Widerstand, so viel Destruktives, das sich der positiven Suggestion widersetzt. Hier gibt es nun drei Möglichkeiten, diesen Widerstand abzubauen:

- *sukzessives Zurückgehen* durch Regressionstechniken (Hypnose)
- *Generalabsolution:* Es ist eine Frage der seelischen Reife, ob du das kannst. Es ist ein wunderbarer Weg zu sagen, ich verzeihe allen alles – für den, der es wirklich kann.
- *Dankbarkeit,* daß alles das, was war, das Beste war, was mir geschehen konnte, denn es hat mir geholfen, das zu sein, was ich heute bin. Es gibt nichts Negatives, alles hatte seinen Sinn und seine Notwendigkeit, um zu dieser Erkenntnis zu gelangen.

Was ist Hypnose?

Wir möchten auf die erste Möglichkeit, die Hypnose, näher eingehen. Denn gerade hier gibt es so viele falsche Vorstellungen. Der Sinn der Hypnose ist es, den Patienten durch bestimmte Techniken in die Kindheit oder in entscheidende Lebenssituationen zurückzuführen. Wenn beispielsweise jemand schwer verletzt mit Schock einen Autounfall überlebt, bei dem der Wagen Feuer fing, kann im Rahmen einer Hypnosetherapie dieser Schock aufgearbeitet werden. Der Patient wird im Trancezustand noch einmal vorsichtig in diese Situation geführt. Natürlich hat er Angst vor diesem schrecklichen Gedanken und würde ihn lieber weiter verdrängen, als ihn aufzuarbeiten. Wir führen ihn deshalb erst einmal in die Umgebung des Unfalls, lassen ihn vom Hubschrauber aus zuschauen und gehen so gemeinsam mit ihm immer näher an das Geschehen heran, bis er selbst im Auto sitzt. Wir helfen ihm in dieser Situation, er kann sich dadurch von seiner Angst und deren Folgen lösen – er kann dann wieder ohne Furcht Auto fahren, wird nicht mehr blaß beim Anblick von Feuer.

Das gleiche geschieht bei Verhaltensstörungen, deren Ursachen fast alle in der Kindheit zu suchen sind. Wenn einem Kind ständig gesagt wird, daß es dumm, häßlich oder unfreundlich ist, dann ist es kein Wunder, wenn sich in diesem Kind die von außen kommenden Suggestionen festsetzen. Außerdem erscheint ein Kind häßlich, unfreundlich und dumm, weil es genau dieses Verhalten aus seiner Umwelt übernommen, gelernt hat. Der Erwachsene bekämpft hier wohl beim Kind *seine* Dummheit, *seine* Häßlichkeit, *seine* Unfreundlichkeit. Später erkennt der Mensch zwar die Realität, kann sich aber allein nicht von den jahrelangen Verhaltensweisen und Gedankenmodellen lösen. Er braucht deshalb Hilfe von außen.

Im Verlauf der Therapie gehen wir zurück in die Kindheit, vollziehen die Situation nach und können dann oft diese tief verwurzelten Programmierungen auflösen.

Angestrebt wird durch dieses Zurückführen *Bewußtsein* um die eigene Natur, frei von Frustrationen, Traumata. Nur dadurch kann Selbsterkenntnis entstehen.

Der Patient findet zu seiner Mitte, erkennt, daß er enorm viel positive Energie besitzt, die sich aber erst jetzt – nach Auflösung dieser hemmenden Mechanismen – entfalten kann. Er lernt loszulassen, kann sich akzeptieren und lieben. Es ist ein wahrhaft beglückender Augenblick, wenn man die Veränderungen sieht, die in den nur wenigen Wochen einer Therapie vollzogen werden können. Unglückliche, im wahrsten Sinne des Wortes gebeugte Menschen verlassen die Praxis aufrecht, mit elastischem Gang, eine positive Ausstrahlung umgibt sie – sie haben ihr *Selbstbewußtsein* gefunden, sind frei und sicher und wissen, daß sie die Probleme, die sich ihnen stellen, lösen werden. Sie haben erkannt, daß sie dankbar sein können für jedes Problem, weil sie gelernt haben, daß in allen ihren Problemen eine Erkenntnis für sie verborgen lag.

Das Wort Hypnose hat für viele Menschen etwas Geheimnisvolles. Viele stellen sich darunter einen Zustand ähnlich einer Narkose vor, bei dem sie weder fühlen noch wissen, was sie tun; daß sie einfach einschlafen und wieder aufwachen, ohne sich zu erinnern, was in der Zwischenzeit geschehen ist. Hypnose ist jedoch etwas völlig anderes – es ist ein Zustand tiefer Entspannung, ein Zwischending zwischen Wachen und Schlafen; ein Zustand immer tiefer werdenden inneren Friedens. Notwendig dafür ist allerdings die Bereitschaft, sich zu öffnen, und das Vertrauen in den Therapeuten.

Es gibt generell drei Tiefen oder Phasen in der Hypnose: In der oberen bis mittleren Tiefe wird eine Therapie durchgeführt, wobei der Patient alles um sich herum registriert, das Geschehen aber nicht mehr verstandesorientiert beeinflussen will. Er kann mechanische Handlungen, wie die Augen öffnen oder den Arm heben, nicht mehr so leicht durchführen. Er wird nicht durch seinen Verstand/Intellekt gehemmt; seine seelischen Kräfte und sein Gedächtnis sind frei und lassen längst vergessene und verdrängte Bilder und Situationen wieder aufleben. Alle Situationen seines Lebens können in plastischen Bildern erscheinen. Der Patient ist deshalb sehr leicht in der Lage, sich in Problemsituationen, egal wie weit sie zurückliegen, zurückzuversetzen – in Situationen, die für ihn kritisch waren, die sein Leben beeinflußt und geprägt haben und die er nicht aufgearbeitet hat. Es tauchen Bilder auf, die er verdrängt hat, weil sie unangenehme Erinnerungen in ihm wachrufen oder weil er verletzt wurde. Im Zustand des entspannten Betrachtens ist er in der Lage, diese Situationen noch einmal nachzuvollziehen, die Situationen neu zu bearbeiten, das heißt, sie von innen heraus zu erkennen und aufzuarbeiten, sie sozusagen neu einzuordnen, ihnen einen neuen Stellenwert beizumessen. Es sind dies Dinge, an die er sich nicht »erinnern« kann, weil er sie verdrängt hat, weil er diese Erlebnisse nicht mehr in seiner Erinnerung haben möchte; Gefühle, die in ihm Ängste auslösen, Komplexe verursachen – Nährboden für Neurosen oder Ängste.

Es gibt dann noch die dritte und tiefste Phase der Hypnose – den sogenannten Somnambulbereich. Nur sehr wenige Menschen überhaupt können aufgrund ihrer Veranlagung in einen so tiefen Trancezustand kommen, daß sie für ihre Außenwelt nicht mehr erreichbar sind. Dieser Bereich ist für eine Therapie nicht geeignet, da der Patient so weit entfernt ist, daß er das Wort des Therapeuten und damit die positive Suggestion oft nicht mehr aufnehmen kann. Allein schon deshalb scheidet diese – für viele Menschen mit Unbehagen empfundene – Phase für eine Therapie aus. Eine veraltete Vorstellung über Hypnose beruht auf der längst überholten Anschauung, daß nur dieser Tiefenzustand Hypnose sei. Es hat sich jedoch längst erwiesen – nur offenbar immer noch nicht herumgesprochen –, daß diese tiefste Stufe keinen therapeutischen Erfolg bringt.

So arbeitest du mit Suggestionen

Wir wollen uns nun mit den Suggestionen befassen. Voraussetzung für ein gutes Wirken der Suggestion *ist ein entspannter Zustand*. Je mehr du von den alltäglichen Gedanken abschalten kannst, je lockerer, durchlässiger du wirst, desto bereiter ist dein Unterbewußtsein für die Worte, die du ihm jetzt eingibst. Erarbeite dir deine Formel, indem du in positiven Worten deine Wünsche formulierst. Dabei solltest du nicht zu sehr in die Details gehen, sondern darauf vertrauen, daß die unendliche Weisheit deines Unterbewußtseins den richtigen Weg für dich finden wird, wie du dein Ziel erreichen kannst. Je häufiger du dann diese Suggestion anwendest, desto tiefer prägt sie sich ein. Die beste Zeit dafür ist die Zeit vor dem Schlafengehen und die Zeit vor dem Aufstehen – es ist die Zeit, in der sich die Tore des Unterbewußtseins öffnen. Aber auch tagsüber solltest du deine Formel so oft wie möglich anwenden. Überprüfe nicht jeden Tag, ob du Fortschritte gemacht hast und wieviel du erreicht hast – so wie du täglich auf der Waage dein Gewicht überprüfst. Glaube und vertraue, laß dir etwas Zeit, habe Geduld mit dir selbst. Behalte die gleichen Worte bei und vergiß nicht, daß dein Unterbewußtsein die Bildersprache am besten versteht. Stell dir die Erfüllung deiner Wünsche vor. Du wirst merken, daß du dich positiv veränderst und daß sich dadurch natürlich auch dein Leben wandelt.

Du bist nicht auf der Welt, um so zu sein, wie andere dich haben wollen.

An der Veränderung in deiner Umwelt kannst du dann deine eigene Veränderung erkennen. Stell dich auf die positive Seite – laß dich nicht verunsichern von Zweiflern, Negativdenkern. Betrachte vielmehr deine Wünsche als Realität, und sie werden zur Realität werden. Jedem geschieht nach seinem Glauben – wenn du also davon überzeugt bist, daß du dein Ziel erreichst, dann wird das dafür Notwendige geschehen.

Suggerieren bedeutet Denken. Es ist eine besondere Form des Denkens, ein Schaffen, ein Kreieren. Es ist ein Herbeischaffen – niemals ein Wegschaffen. Wenn wir dir sagen: »Stelle dir den Eiffelturm nicht vor« – was siehst du dann vor deinem geistigen Auge? Den Eiffelturm natürlich! Und je lauter wir schreien: »Stell ihn dir *nicht* vor«, desto deutlicher steht er vor dir. Also wirst du ihn ganz tief und fest dir einprägen. Du kannst ihn nicht wegsuggerieren. Deshalb ist gerade für die Suggestionsarbeit sowohl Disziplin wie auch einige Übung notwendig. Aber der Aufwand lohnt. Einige Menschen machen den Fehler, daß sie Worte wie »keine« oder »nicht« verwenden. Das Unterbewußtsein versteht diese Worte nicht und negiert sie. Der Sinn des Satzes verkehrt sich dann sehr leicht in das Gegenteil. Wenn du sagst: »Ich habe keinen Hunger« – sieht das Unterbewußtsein: »Ich habe Hunger.« Die Folgen kannst du dir ausmalen. Also keine Verneinungssätze. Suggestionstechnik heißt auch Affirmation, *Bejahung!*

Hier eine Erfahrung, die Erhard machte:

»Vor ein paar Tagen hielt ich einen Vortrag vor meinen Patienten und sprach etwa 10 Minuten davon, wie wichtig es ist, nichts zu verneinen. Ich sagte also in verschiedenen Variationen, daß wir jetzt nur davon reden werden, was wir wollen, daß es *ist*, daß jede Form des Problemdenkens Probleme schafft und nicht sie beseitigt. Ich warnte deshalb eindringlich davor, jetzt oder auch später Problemlösung betreiben zu wollen. Ich sagte, daß die meisten Menschen Probleme haben, weil sie von kaum etwas anderem als ihren Problemen reden. Da geschah etwas für mich wieder einmal sehr Lehrreiches. In meinem zweiten Buch schilderte ich die junge Heilpraktikerin, die bei der Prüfung durchfiel, weil sie sich suggerierte: ›Ich lerne und *behalte* alles‹, was dann auch tatsächlich geschah, nämlich daß sie das Erlernte für sich behielt. Genauso wie damals gab es auch an diesem Tag für mich wieder eine neue Erfahrung, etwas Wichtiges zu lernen, als nämlich eine junge Frau aufstand und den Raum verließ. Im Flur wurde sie von einer Mitarbeiterin angesprochen und gefragt, warum sie denn ginge. Die Antwort verblüffte mich außerordentlich und bestätigte mir doch zum hundertsten Male die einfache, simple Arbeitsweise des Unterbewußtseins aufs neue. Frau X sagte: ›Ich muß jetzt da raus, denn die reden jetzt gleich von Problemen, und davon habe ich weiß Gott selbst genug.‹ Sie hatte – ich hätte es wissen müssen – nicht gehört, daß ich sehr oft sagte, wir reden jetzt *nicht* von Problemen. Vom Wort *nicht* hatte sie nichts gehört!«

Das Negative wird sich in dem gleichen Maße verkleinern, wie das Positive sich in dir ausbreitet. Du brauchst also nichts wegzusuggerieren, denn es verschwindet von selbst. Außerdem müßtest du unweigerlich negative Worte benutzen, und die Konsequenzen wären dann fatal. Wende dich also nicht mit deinem Problem an das Unterbewußtsein, sondern mit der Lösung – das ist ja dein Ziel.

Werde der, der du bist!

Wir wollen hier einmal den Begriff »Ego« ein wenig durchleuchten. Je weniger du ego-zentrisch, egoistisch denkst, desto mehr wird dein Denken auf das Allgemeinwohl gerichtet sein. Je intensiver du egoistisch denkst, desto mehr werden die anderen dich beneiden und versuchen, dir das, was du erreicht hast, wegzunehmen. Es gibt zwei Arten von Egoisten. Der dumme Egoist sammelt soviel wie möglich an. Er wird von seinen Mitmenschen zwar bewundert, schafft aber eine negative Resonanz. Im Gegensatz dazu steht der kluge Egoist. Er wirkt im Interesse aller, gibt von dem, was er durch sein Denken geschaffen hat. Seine Umwelt hilft ihm, denn sie weiß, daß sie wiederum durch ihn weiterkommt. Laß einfach das Wort Ego weg – laß es dir zur Freude werden, anderen zu helfen, sie teilhaben zu lassen an deinen Gedanken und den Folgen dieser Gedanken. Es ist nicht deine Aufgabe, für andere dazusein, aber es ist sehr wohl deine Aufgabe, dafür zu sorgen, daß die anderen dich an deinen Früchten erkennen können und du als Beispiel für sie dienst. Dies ist für dich die beste Möglichkeit, für andere etwas zu tun, beispielhaft zu sein.

Wir wollen gar nicht verschweigen, daß es sehr schwer ist, Beispiel zu sein. Es ist so schwer, daß die meisten Menschen es nicht sein wollen. Sie setzen lieber andere auf dieses Schemelchen, auf die sie dann ihre eigenen Erwartungen projizieren können. Du bist du – individuell, so wie du bist. Also höre auf, auf die anderen zu schauen und zu versuchen, so zu sein, wie sie wollen, daß du sein sollst. Du bist derjenige, um den es in deinem Leben geht – der andere ist derjenige, um den es in seinem Leben geht. Und irgenwann einmal wirst du zum Vorbild werden – so daß die anderen dich an der Arbeit, die du an dir getan hast, erkennen können. Damit hast du dann auch etwas für die anderen getan. Arbeite an dir und an deinem Weg, der dich zu neuen Erkenntnissen führen wird und in dir ein Licht entzündet, ein Licht, das mit zunehmender Erkenntnis heller und strahlender wird – bis du eines Tages ganz von diesem Licht durchdrungen bist und keinen Schatten mehr hast.

Alles, was du in deinem Leben erreichen kannst, ist ein Ausdruck göttlicher Schöpferkraft. Wenn du deinen Blick schulst, dann wirst du bemerken, daß das Gute, das du äußerlich an einem Menschen siehst, auch innerlich vorhanden ist. Innere Harmonie zeigt sich auch in äußerer Harmonie. Deshalb behaupten wir auch, daß materieller Mangel ein Mangel an geistiger Fähigkeit ist. Es fehlt nämlich die Fähigkeit, das eigene Potential zu ergründen und einzusetzen. Wenn du erfolgreich sein willst, dann solltest du bewußt sein, *dir selbst bewußt sein.* Das bedeutet Vertrauen – ein unbeirrbares, tiefes Vertrauen in dich und deine eigenen Fähigkeiten, denn du kennst dich, du kennst deine Talente, deine Wünsche und Bedürfnisse. Du hast dich selbst erfahren, und mit dieser Erfahrung gibt es kein unüberwindliches Hindernis auf deinem Weg zum Gipfel. Du hast die Verantwortung für dich und dein Leben akzeptiert, es ist dir etwas ganz Selbstverständliches geworden. Du hast dich entschieden für dein Ziel. Du wirst Erfolg haben auf den Gebieten, die für *dich* wichtig sind. Für den einen mag es eine harmonische Partnerschaft sein, eine glückliche Familie; dem anderen liegt daran, seine Zeit für sich zu nutzen, für seine Hobbys, die Freuden des Lebens; und der dritte will Karriere machen.

Erfolgreich sein bedeutet, ein glückliches Leben zu führen, ein Leben mit wahren Freunden, ein Leben ohne Zwang – ohne den Zwang, den du dir oft unbewußt selbst gesetzt hast. Denn du weißt nun, daß dir niemand anderer Grenzen setzen kann – nur du selbst. Du wirst spüren, wie beflügelt und leicht du deine täglichen Aufgaben angehst und sie meisterst, wenn du erst einmal gelernt hast, loszulassen von den Vorstellungen, was du noch tun mußt. Loslassen von den täglichen Zwängen, die nur du dir auferlegst. Dich kann ja niemand zwingen – du alleine errichtest dir deine Grenzen. Deshalb ist das Loslassen von althergebrachten Vorstellungen, von fixen Ideen ein Baustein zu deinem Erfolg. Du kannst deine Stärke spüren, deine Kräfte fließen frei, und Harmonie durchströmt dich, wenn du loslassen kannst – *und das ist lernbar.* Eine tiefere innere Ruhe umgibt dich – der Gedanke, daß du es selbst in der Hand hast, wie dein Leben verlaufen wird, wie groß dein Erfolg sein wird, macht dich frei und sicher. Du vertraust auf deine Kraft, auf die unerschöpfliche Energiequelle in deinem Inneren, die du durch ständige Arbeit an dir freigesetzt hast.

Du wirst mit dieser Arbeit an dir selbst in deine Tiefen steigen, dich finden – aber du wirst auch Gott in dir finden, denn du und Gott *bist* eines. Der Glaube basiert auf der Erkenntnis, daß alles, was du bist und sein wirst, gottgewollt ist; deine ganze Kraft und Energie dir von Gott gegeben ist. Es ist eine Kraft, die aus dir heraus wächst, und es ist ein Glaube, der in dir wohnt – also nichts, was von außen kommt, etwas, das eine Religion oder eine Institution dir vorschreibt, das nach genauen Regeln und Gesetzen funktionieren soll; es ist eine dir im Augenblick noch unbewußte Energiequelle, die du in dir trägst. Wenn sich die Erkenntnis dir eingeprägt hat, dann siehst du deinen Weg klar vor dir, und du hast übergewechselt von der Schattenseite des Lebens auf die positive Seite.

Bevor wir jetzt zu den praktischen Übungen kommen, die dir diese Arbeit erleichtern und die dir neue Impulse und Anregungen geben, sollst du die Schritte, die wir bisher gemeinsam zurückgelegt haben, überdenken, auf dich wirken lassen. Leg alles ab, was dich belastet, was dich kränkt, was dich verletzt, dir Sorgen und Kummer bereitet – mach dich frei von allen negativen Gedanken. Du kannst es, wenn du es willst. Es ist dies ein Prozeß, der notwendig ist, damit du zum Positiven finden kannst. Diese Arbeit an dir selbst mußt du auch selbst machen – keiner kann sie dir abnehmen. Wir können dir aber helfen, indem wir dir Hilfestellung geben, dir unsere Erfahrung und unsere Erkenntnis vermitteln, dich unterstützen. Wir sind für dich da, wenn du Probleme hast, wenn du auf der Stelle stehenbleibst, wenn du Fragen hast oder Hilfe brauchst – aber die Arbeit – und das soll dir ganz klar sein –, die mußt du selbst tun.

Du gehst in die richtige Richtung und hast bereits die ersten Schritte getan, und nun folgen die nächsten Schritte, bei denen wir dich auch begleiten werden. Und vielleicht siehst du es dann schon vor dir – zwar noch weit entfernt und ganz klein –, das helle Licht, das nur für dich leuchtet. Dieses Licht wird jeden Tag ein bißchen näher kommen, es wird immer strahlender werden und dich bis zu deinem Ziel begleiten. Du hast durch deine eigene Arbeit das erreicht, was du dir gewünscht hast. Du denkst positiv. Für einen positiv denkenden Menschen ist nichts unmöglich auf dieser Welt, und das weißt du. Dieses Wissen macht dich froh und sicher, es macht dich stark. Du weißt, daß du deine positiven Kräfte einsetzen kannst für deine Wünsche. Und du wirst immer finden, was du suchst. Für jeden von uns wird es etwas anderes sein in den kleinen Dingen. Gemeinsam aber ist uns allen das große Ziel: Ein Leben in Harmonie, voller Freude, Erfüllung und Erfolg. Nimm deshalb diesen Leitsatz mit auf deinen Weg:

> »Wer aber auf das Glücklichsein verzichtet, erfüllt sein Dasein nicht.« (Ludwig Marcuse)

Teil II:

Dein ganz persönliches Erfolgsprogramm

Kapitel 1:
Übungen zur allgemeinen Sensibilisierung

Wenn du glaubst, daß das Leben ein Kampf ist, dann wird es genau das für dich sein: ein mühevoller, anstrengender Kampf gegen alles und jeden. Du genießt einige Glücksmomente, in denen du dich als Sieger fühlst, doch im großen und ganzen wirst du dich als Verlierer gegen »das Schicksal« empfinden. Doch das Schicksal gibt es nicht. Da ist kein Schicksal, das dich in eine Situation hineinsteuert und dich da gefangenhält. Es ist nur *deine* Meinung über die Dinge, *deine* Beurteilung der Situationen, die deine Erfahrungen formt. Wenn du dich entschließt, das Leben nicht als Kampf, sondern als Spiel zu sehen, wird dich in einem einzigen Augenblick ungeheure Erleichterung überkommen.

Die Schriftstellerin Florence Shinn hat mehrere kleine Bücher geschrieben mit dem Thema: Das Lebensspiel und seine Regeln. Sie legt darin dar, daß es keinen Lebenskampf gibt, nur ein Spiel und seine Regeln. Das ist eine sehr konstruktive Einstellung: Ein Spiel mal zu verlieren, das tut nicht so weh, wie einen Kampf zu verlieren. Außerdem haben wir von vornherein viel mehr Möglichkeiten, ein Spiel zu gewinnen, wenn wir es auch für ein Spiel halten. Wenn wir dagegen meinen, einen erbitterten Kampf zu führen, gehen wir mit Angst in diesen Kampf hinein, und es kommt zu Blockierungen, die unsere Chance, zu gewinnen, verringern.

Merkwürdigerweise sind wir der Meinung, daß Spielen nur etwas für Kinder sei und daß wir Erwachsene uns gefälligst dem Ernst des Lebens zu widmen hätten. Aber vielleicht ist der Ernst des Lebens gerade das Spiel? Schauen wir uns doch um: Die ganze Natur ist in ein wundervolles, höchst aufregendes Spiel vertieft. Dieser ungeheure Reichtum an Formen und Farben! Warum gleicht keine Schneeflocke der anderen? Warum haben die Kängurhus Beutel? Warum legen die Menschen keine Eier? Warum ist die Banane krumm? Alles hat seinen Sinn, aber alles könnte sich auch ganz und gar anders entwickelt haben. Alles ist, wie es ist, und erschafft sich spielerisch ständig neu.

Auch das, was wir nicht mehr sehen können, spielt. Die Physiker haben entdeckt, daß die Bestandteile der Atome, die subatomaren Teilchen, ohne Unterlaß in spielerischer Bewegung sind, ja, *die Bewegung ist ihr Wesen*. Das, was aller Materie zugrunde liegt, ist also kein fester, »seriöser« Grundbaustein, es ist Tanz. Und das ganze Universium ist damit ein einziger kosmischer Tanz von Energie.

Alle Energie will frei fließen, strömen, sich ausgeben. Eine Rose kämpft nicht ums Blühen, voller Angst, daß ihr das vielleicht nicht gelingen wird. Sie blüht einfach, weil das ihr Beitrag zum Spiel der Schöpfung ist. Alles geschieht, weil es geschieht. Jedes Wesen bekommt, was es braucht, sonst würde es nicht existieren. Nur wir Menschen meinen, wir müßten Gewalt anwenden, um zu unserem Recht zu kommen. Wir beißen die Zähne zusammen und gehen mit dem Kopf durch die Wand. Dabei gibt es diese Wand überhaupt nur, weil wir *glauben*, daß da eine Wand steht...

Laß los, laß zu, laß geschehen. Sag Ja zum Leben. Sei eine weiße Wolke. Es ist vollkkommen gleichgültig, wohin eine Wolke geweht wird, denn sie weiß, daß, wo immer sie ist, das Ziel ist.

Man könnte sagen, daß alle Probleme, die wir haben, das Resultat von Widerstand sind. Widerstand erzeugt Reibung, und durch Reibung kann etwas zerbrechen, zerstört werden. In der fernöstlichen Verteidigungstechnik wird diese Erkenntnis praktisch angewandt. Wir im Westen üben, einer Faust, die auf uns zukommt, in irgendeiner Weise Widerstand zu leisten. Der fernöstliche Mensch reagiert ganz anders: Da kommt eine Faust auf ihn zu, er ergreift die Faust und zieht noch an ihr. Damit wendet sich die Aggresssion des Aggressors gegen ihn selber – er fliegt über den, den er angreift, hinweg. Dieses Gesetz der Widerstandslosigkeit beherrschen wir nicht. Aber wir können es lernen.

*Ver*lerne zu kämpfen. Je mehr Energie du einsetzt, um ein Ziel zu erreichen, desto mehr Hindernisse wirst du auf dem Weg zu deinem Ziel antreffen. Gestatte – das ist keine Ironie –, daß deine Wünsche in Erfüllung gehen. Jede willentliche, angestrengte Aktivität, die Hindernisse auf dem Weg zum Ziel beseitigen will, erschafft die Hindernisse gerade durch diese Aktivität.

Du brauchst nicht zu kämpfen. Sei dir einfach deiner Schöpferkraft bewußt. Gott hat bestimmt keine Überstunden gemacht und wie verrückt gearbeitet, um das Universum zu erschaffen. Er hat *gedacht*, und das Universum war da. Materie ist manifestierter Geist. Hör auf, Gedanken als etwas Irreales zu betrachten. Es gibt keine Realität, außer der, die sich in Gedanken ausdrückt und sich dann auf der materiellen Ebene manifestiert. Ein Gedanke ist etwas Geistiges. Wenn er überhaupt etwas Materielles an sich hat, dann ist es sein Streben, aus der geistigen Dimension in die materielle Ebene zu transformieren. Daß er das kann, ist eine Frage von Energie. Aber Energie eben nicht im Sinne von willentlicher Aktivität und Kampf, sondern Energie im Sinne von Glauben. Oder anders ausgedrückt: Energie, die dem meta-physikalischen Universum zuzuordnen ist.

Wenn du an einen Gedanken glaubst, wenn du weißt, daß er sich verwirklicht, dann hast du ihm Energie gegeben – genau die Energie, die er braucht, um sich zu verwirklichen. Da wir aber daran zweifeln, daß sich Gedanken durch reines Denken verwirklichen, müssen wir auch auf der körperlichen Ebene aktiv werden. Wenn du glaubst, daß du arbeiten mußt, um Geld zu verdienen, dann wirst du eben arbeiten müssen. Es gibt allerdings eine Menge Leute, die glauben, daß sie auch ohne zu arbeiten Geld verdienen, und genau in dieser angenehmen Lage sind sie dann auch.

Wenn es heißt »ohne zu arbeiten«, so ist damit jedoch keineswegs Nichtstun gemeint. Weder auf geistiger noch auf köperlicher Ebene aktiv zu sein, führt selbstverständlich zu einem nicht wünschenswerten Zustand. Nicht arbeiten in unserem Sinne bedeutet, nicht von einem Termin zum anderen eilen zu müssen; meint, weder Schwielen an den Händen noch einen gekrümmten Rücken zu haben; meint, nicht so sehr den Körper einsetzen zu müssen, um Resultate zu erzielen. Der höchste Wirkungsgrad von Kreation spielt sich auf der geistigen Ebene ab. Hier also wird das neue Betätigungsfeld, die erforderliche Präsenz des geistig erwachenden Menschen sein. Vieles in uns will uns auffordern, auf körperlicher Ebene zu wirken, anderes in uns sagt zugleich, daß der Effekt dabei wohl nur gering ist, und hinterläßt oft ein Gefühl des Unbefriedigtseins.

Kahlil Gibran sagt dazu: Vieles an dir ist *noch* Mensch, und vieles an dir ist *noch nicht* Mensch, sondern gestaltloser Geist, der durch den Nebel schlafwandelt auf der Suche nach dem geistigen Erwachen. In Relation zu diesem Erwachen verlagert sich die Aktivität von der grobstofflichen (körperlichen) Ebene zur feinstofflichen (geistigen). Von der Arbeit im Steinbruch zum reinen Bewußtsein.

Spielen kann man (wieder) lernen

Und nun, da du deine Kräfte nicht mehr für einen sinnlosen Kampf ausgeben mußt, lenke deine Aufmerksamkeit doch einmal auf dich selbst:

> Du bist weich, durchlässig, offen. Du bist da, einfach nur da. Fühl dich als Geist, als Seele, als Energie. Ein Teil deines Selbst drückt sich durch deinen Körper aus, aber identifiziere dich nicht mit deinem Körper. Nicht du bist es, der handelt. Entschließe dich, ab jetzt zu gestatten, daß es geschieht. Denke: Gott handelt durch mich. Versuche, diesen Standpunkt einfach einmal zu akzeptieren, habe keine Vorbehalte. Laß ihn auf dich wirken. Sag jetzt, laut oder tonlos: *Es* geschieht durch mich.

Laß von jetzt an das, was du als deine Individualität bezeichnest, etwas zur Seite treten. Damit *Es*, Gott, wirken kann. Halt! Zieh nicht wieder Boxhandschuhe an, um gegen deine »Individualität« oder gar dein »Ego« zu kämpfen, möglichst noch mit K.-o.-Sieg. Es genügt vollkommen, wenn du das, was du für dein individuelles Sein hältst, freundlich bittest, etwas zur Seite zu treten. Und sag ihm, daß es reichlich dafür belohnt wird. Denn wenn du lernst, geschehen zu lassen, zu gestatten, daß Gott in dir die Werke tut, werden sich wunderbare Dinge ereignen. Du wirst lachen, wo du vorher traurig warst. Du wirst tanzen, wo du früher versteinert verharrtest. Du wirst Freude haben und Freude weitergeben – und du wirst dich so sehr als Individualität, nämlich als einzigartiges Wesen, empfinden, wie nie zuvor.

> Stell dir vor, daß du ein Energiefeld bist, daß du es siehst, daß es weit leuchtet. Stell dir vor, daß es etwa einen halben Meter größer ist als dein Körper, die Konturen deines Körpers nach-

zeichnet. Du kannst dieses Energiefeld jederzeit mit deinem Willen ausdehnen, bis in die Unendlichkeit. Du kannst es aber auch zu einem kleinen Punkt zusammenziehen, zu einem kleinen Lichtpunkt inmitten deiner Stirn. Sieh jetzt aus einer Entfernung von drei, vier Metern von oben auf dich herab. Sieh deine körperliche Gestalt in diesem leuchtenden Energiefeld. Erhöhe diese Leuchtkraft zum strahlenden, goldenen Licht. Goldenes, gleißendes, weißes, wunderschöns Licht. Das bist du. Das ist deine wahre Natur.

Wir haben schon gesagt, Energie und Geist sind identisch, Energie und Materie sind austauschar. Materie ist die niedrigste Form von Geist, Geist ist die höchste Form von Materie. Wenn du dich in der kleinen Übung, die gerade geschildert wurde, als Energiefeld wahrnimmst, wirst du schnell feststellen, daß auch alles andere aus derselben Energie besteht. Die Menschen, die sich neben dir befinden, die Pflanze auf dem Fensterbrett, die Katze auf dem Sofa. In geringerem Maße, vielleicht so gering, daß du es nicht wahrnehmen kannst, die Möbel deiner Wohnung. Aus dieser Perspektive werden die Grenzen der einzelnen Individuen und Dinge gegeneinander aufgehoben, alles verschmilzt mit jedem. Trennung, Vereinzelung ist die Illusion, verursacht von einem zu engen Bewußtseinszustand. Sobald du die Perspektive wechselst, einen höheren Bewußtseinszustand erreichst, erkennst du, daß alles eins ist, alles sich gegenseitig durchdringt und einander bedingt.

Du meditierst, seit du auf der Welt bist

Vielleicht gelingt es dir noch nicht, dich auf diese wunderbare Weise als Energiefeld zu fühlen. Das macht nichts, bemühe dich nicht darum. Du machst jede Erfahrung dann, wenn die Zeit dafür reif ist. Vielleicht hast du auch keine Lust, jeden Tag eine Übung namens »Meditation« zu absolvieren, in der dir nur deine Einkaufsliste und die noch offenstehenden Rechnungen durch den Kopf spuken. Warum quälst du dich dann? Laß es einfach sein. Wie es Emerson ausdrückte, soll Meditation »die Betrachtung Gottes vom höchsten

Standpunkt« sein. Meditation ist ein Reinigungs- und Entflechtungsvorgang. Du reinigst und befreist dich von deinen gewohnten Beurteilungen der Dinge, du läßt dich und deine Probleme los. Um diesen Prozeß in Gang zu bringen, gibt es einige jahrhundertealte Praktiken, wie Zen und Yoga. Doch du kannst auch dein tägliches Leben zu einer Meditation machen. Das tust du, indem du auf die rechte Art denkst. Sobald du dich dabei ertappst – und das ist öfter, als du meinst –, daß du anklagend und voller Selbstmitleid über ein Problem nachdenkst, stoppe sofort diesen Gedankenfluß. Stell nicht das Problem vor dein geistiges Auge, sondern die Lösung. Denk nicht *nach*, sondern *voraus*. Du wirst feststellen, daß du mit der Zeit immer weniger im gewöhnlichen Sinne denkst, im Sinne von grübeln, kritisieren, analysieren. Dein Denken wird frei, locker, konstruktiv, leicht. Du bist in einem Zustand der Harmonie, gleichgültig, ob du bügelst, dein Auto reparierst oder im Verkehrsstau steckenbleibst.

An der Zahl der Stunden, die du damit verbringst, angestrengt an »Nichts« zu denken, keuchend deine Atemzüge zu zählen oder deine eingeschlafenen Füße zu bedauern, ist nicht unbedingt dein spiritueller Fortschritt abzulesen. Dagegen ist es ein Hinweis für deine geistige Entwicklung, wenn du dich nicht länger *bemühen* mußt, zu meditieren. Denn, um es mit dem Titel eines Buches von Thaddeus Golas zu sagen: »Der Erleuchtung ist es egal, wie du sie erlangst.« Vielmehr wird es schwierig, die Meditation zu unterbrechen, nicht mehr an das Göttliche zu denken. Erst wenn du dich ohne Unterlaß, Tag und Nacht, mit dem Urgrund alles Lebens verbunden fühlst, dann meditierst du richtig. Dann *bist* du die Meditation: die Meditation Gottes.

Tu es doch einfach

Wenn du dieses Buch in der Hand hältst, hast du wahrscheinlich schon mehrere Bücher gelesen, die dir Hinweise für ein glückliches Leben geben wollten. Einige davon haben dir gefallen, und du hast vielleicht kleine Bleistiftkreuze an Übungen gemacht, die du auf jeden Fall einmal ausprobieren wolltest. Doch dann hattest du das

Buch ausgelesen, es beiseite gelegt – und später wußtest du nicht mehr genau, wo welche Übung zu finden ist, und zum Suchen, zum Herausschreiben der Übungen, hattest du keine Lust. Mit diesem Buch wollen wir es dir ein bißchen erleichtern, deine guten Vorsätze auch durchzuführen. Wir haben die verschiedenen Übungen und Suggestionen so geordnet, daß du eine klare Übersicht hast und sofort findest, was für dich persönlich gerade passend ist. Du kannst mit diesem Buch vollkommen allein arbeiten.

Streng dich beim Lesen dieses Buches und bei den Übungen aber nicht an. Je mehr Mühe du dir gibst, aufmerksam zu sein, desto weniger bist du entspannt – und desto weniger wirst du in dich hineinlassen. Ein Schwamm muß weich sein, um viel Wasser in sich aufnehmen zu können, ist er hart, perlt das Wasser an ihm ab. Du solltest ein gewisses Interesse an dem haben, was du liest, aber im Hinterkopf wissen, daß es überhaupt nichts Neues ist. Es ist ein Wissen, das schon immer in dir war. Das, was dir gesagt wird, ist eigentlich dein eigenes Wissen, zu dem du vielleicht vorübergehend keinen Zugang hattest. Alles, was wir tun können, ist, dir zu helfen, dich zu *erinnern*...
Deshalb laß uns also jetzt davon reden, was in diesem Augenblick deine Seele bewegt. Was vorher war, ist völlig unwichtig, was morgen ist, ist jetzt nicht wichtig. Laß uns das Jetzt, diesen Augenblick, erleben.

Körperübungen

Wie entspannst du dich? Indem du die Füße auf den Tisch legst, ein kühles Helles zischst und eine Zeitschrift durchblätterst? Warum nicht. Was dir Spaß macht, ist in Ordnung. Aber wenn das alles ist, was du zu deiner Entspannung tust, ist es zu wenig. Denn die wichtigste Voraussetzung für ein erfülltes, glückliches Leben ist die Fähigkeit zur Tiefenentspannung. Du kannst dich noch so sehr bemühen, frei, leicht und offen durchs Leben zu gehen – wenn du es mit hochgezogenen Schultern, verkniffenem Mund, gespreßter Atmung, verkrampfter Magengegend tust, wird nie etwas daraus. Der Weg in deinen persönlichen Himmel führt nicht am Körper *vorbei*, sondern durch den Körper *hindurch*. Liebe deinen Körper. Akzeptiere deinen Körper, so wie er ist. Danke deinem Körper. Er ist ein wunderbares, göttliches Instrument, er ermöglicht dir das Leben auf dieser Erde. Mach dir deinen Körper nicht zum Gegner, zum Feind, den es zu besiegen, zu überwinden gilt. Besonders Männer neigen dazu, ihren Körper gänzlich zu mißachten und mit Genußgiften zu quälen. Oder sie betrachten ihn als eine Art Maschine, die erbarmungslos auf sportliche Höchstleistungen getrimmt werden muß. Frauen haben durch ihren Zyklus, durch das Kindergebären meist ein direkteres, »weicheres« Verhältnis zu ihrem Körper, sind aber durch negative Suggestionen aus ihrer Kindheit (»So etwas tut ein Mädchen nicht!«) häufig verkrampft.

Damit die Übungen, die wir in diesem Buch beschreiben, ihre volle Wirkung entfalten können, ist es außerordentlich wichtig, daß du die Technik der Tiefenentspannung beherrschst.

Viele haben irgendwann einmal das Autogene Training erlernt. Doch fragt man sie, wie lange sie brauchen, um in den Tiefenzustand der Selbsthypnose zu kommen – und Autogenes Training ist ja nichts anderes als Selbsthypnose –, sagen sie: fünf, zehn, fünfzehn Minuten. Es ist eine frustrierende Angelegenheit, fünfzehn Minuten lang zu versuchen, in Trance zu gehen. In der Hypnosetherapie kann man lernen, in zehn Sekunden in den tiefsten Keller zu kommen. Du schaust eine Couch an, auf die du dich legen willst, und du mußt dich beeilen, auf die Couch zu kommen, weil du sonst schon »weg« bist. So schnell kann das gehen. Es ist im Grunde außerordentlich einfach, in tiefe Zustände von Trance zu gehen, durch Selbsthypnose, bis in den somnambulen Bereich hinein, der allerdings für Suggestionsarbeit nicht geeignet ist. Ein Laie glaubt, er muß alles vergessen, er darf nicht mehr wissen, wo er ist. Das ist falsch. In Wirklichkeit ist ein mittlerer Bereich am besten geeignet, sogar ein oberer mittlerer Bereich.

Bei der folgenden Grundübung zur Entspannung ist es also wichtig, daß du lernst, schnell, *automatisch* in Trance zu kommen und dich nicht ewig lang abzumühen – sonst wirst du bald tausend Gründe finden, dich vor dieser »Arbeit« zu drücken...

Zieh dich in einen ruhigen, abgedunkelten Raum zurück. Leg dich flach hin, möglichst ohne Kopferhöhung. Die Beine sind leicht gespreizt, so daß die Fußspitzen nach außen fallen, die Arme liegen locker neben dem Körper. Einengende Kleidung ist gelockert. Schließe die Augen und atme ruhig in deinen Bauch. Bei jedem Einatmen atmest du Entspannung ein, bei jedem Ausatmen atmest du Spannung aus. Denk dir: Es atmet mich. Die Arme sind warm und leicht. Die Beine sind warm und leicht. Die Füße sind ganz locker. Das Becken ist entspannt. Der Bauch ist ganz locker und wölbt sich leicht bei jedem Einatmen. Der Brustbereich, die Schultern sind ganz weich und locker. Das Gesicht ist entspannt, die Stirn ist glatt, der Mund ist entspannt, der Unterkiefer ist locker. Die Kopfhaut ist entspannt. Der Atem ist ruhig und gleichmäßig. Etwa fünf Zentimeter oberhalb des Bauchnabels liegt das Sonnengeflecht, der Solar-Plexus. Stell dir im Sonnengeflecht strömende Wärme vor. Du fühlst dich sehr wohl...

Auch das Herausgehen aus der Entspannung will gelernt sein. Spring keinesfalls plötzlich auf, sonst wird dir schwindelig. Der Kreislauf muß langsam wieder in Schwung gebracht werden. Das geschieht in vier Schritten:

1. die Hände werden geballt, die Arme gestreckt,
2. dann die Beine angespannt und gestreckt.
3. Die Arme werden über den Kopf gestreckt, der ganze Körper gereckt und gedehnt.
4. Jetzt tief Atem holen und die Augen öffnen.

Du kannst dir auch eine Kassette mit der Entspannungsübung besprechen oder dir Kassetten mit Entspannungsanweisungen kaufen. Achte beim Kauf darauf, daß dir die Stimme gefällt, sonst baust du womöglich einen Widerstand gegen das Gesagte auf.

Von der Entspannung zur Trance

Nun eine geistige Reinigungsübung, die deinen Körper erfrischt und stärkt. Um körperliche Beschwerden zu lindern oder gar ganz zum Verschwinden zu bringen, mache diese Übung täglich.

> Du liegst in tiefer Entspannung, dein Sonnengeflecht ist strömend warm. In deiner Vorstellung verdichtest du zu einem kleinen Lichtpunkt, der voller Empfindung nach allen Seiten seine Umgebung betrachten kann. Als dieser Lichtpunkt wanderst du nun durch deinen Körper, wobei du die strömende Wärme mitnimmst. Du bewegst dich von Organ zu Organ, zu Magen, Darm, Leber, Galle, Nieren und so weiter. An jedes dieser Organe verströmst du dabei Lebensenergie, bringst Licht an jede dunkle Stelle – und zu jedem Organ sagst du »Danke«, für seine Arbeit, für sein harmonisches Zusammenspiel im Körperganzen. Als Beendigung dieser Übung muß du genau den gleichen Weg zurückgehen, den du gekommen bist. Dann komm in der S. 45 beschriebenen vierstufigen Weise wieder aus der Entspannung heraus.

Die vertiefte Entspannung führt in die Trance. In diesem Zustand ist dein Unterbewußtsein am empfänglichsten für bildhafte Vorstellungen und Suggestionen. An der Trance ist nichts Geheimnisvolles oder Kompliziertes. Hier eine einfache Methode, sich selbst in Trance zu versetzen.

> Du liegst ganz entspannt da. Nun stell dir ein kleines, leeres Notizbuch vor. Du schlägst es auf und schreibst mit einem Stift auf die erste Zeile der linken Seite deinen Vornamen. Auf die erste Zeile der rechten Seite schreibst du das Wort »Trance«. Nun schreibst du auf die zweite Zeile der linken Seite deinen Namen und auf die zweite Zeile der rechten Seite das Wort »Trance«. Nun gehst du wieder zur linken Seite und wiederholst diesen Vorgang. Fahre damit fort. Wenn die Seite vollgeschrieben ist, blättere um. Schreibe so lange auf die linke Seite des Notizbuchs deinen Namen und auf die rechte

das Wort »Trance«, bis dir beinahe der Stift aus der Hand zu fallen scheint. Nun schreib auf die linke Seite deines Büchleins das Wort »tiefer«. Und auf die rechte Seite das Wort »tiefer«. Und auf die linke Seite wieder »tiefer«. Fahre damit dort, bis du das Gefühl hast, den Stift nicht mehr heben zu können. Nun bist du in Trance, und dein Unterbewußtsein ist aufnahmebereit für alles, was du ihm eingeben möchtest.

Richtige Atmung ist die halbe Entspannung. Achte einmal darauf, wie du gewöhnlich atmest. Ziehst du die Schultern hoch und atmest flach im oberen Lungenbereich? Hältst du die Luft an, sobald ein Gefühl dir Angst macht? Dabei kannst du dir gerade in unangenehmen Situationen eine »Erste Hilfe« über die Atmung geben. Wenn du das nächstemal Panik ober Wut in dir hochsteigen fühlst, dann hebe den Kopf, laß die Schultern sinken und atme tief bis in den Bauchraum durch. Du wirst dich mit Sicherheit danach besser fühlen. Und vielleicht ganz anders handeln, als du es eben noch vorhattest!

Hier eine Atemübung, die im Yoga zum täglichen Programm gehört. Die wechselseitige Nasenatmung beeinflußt den Geist über den Körper. Sie löst energetische Blockierungen und entspannt.

Setz dich mit aufrechtem Oberkörper in den Schneidersitz oder auf die Fersen. Schließe die Augen und konzentriere dich auf den Punkt zwischen den Augenbrauen (das Dritte Auge). Hebe die rechte Hand und verschließe mit dem Ringfinger dein linkes Nasenloch. Atme tief durch das rechte Nasenloch ein und zähle dabei im Sekundenrhythmus bis 4 (also »eins und zwei und drei und vier«). Verschließe jetzt mit dem Daumen das rechte Nasenloch und halte den Atem vier Sekunden lang an. Öffne das linke Nasenloch und atme 8 Sekunden lang aus. Atme durch das gleiche, also das linke, Nasenloch ein und zähle dabei im Sekundenrhythmus bis 4. Verschließe jetzt mit dem Ringfinger das linke Nasenloch und halte den Atem 4 Sekunden lang an. Jetzt atme durch das rechte Nasenloch 8 Sekunden aus... Wiederhole diesen Turnus einige Minuten lang.

Das hört sich kompliziert an, ist es aber gar nicht, wenn du es einmal ausprobiert hast. Diese Atemübung, etwa 10 Minuten lang durchgeführt, ist auch ein ausgezeichnetes Mittel gegen Depressionen. Probiere sie einmal aus, wenn du dich so richtig »down« fühlst – sie macht dich wieder »high«!

Übungen, die deine Imaginationsfähigkeit schulen

Frage verschiedene Menschen, welche Bilder in ihnen hochsteigen, wenn sie das Wort »Glück« hören. Die Antworten werden sich erheblich voneinander unterscheiden. Der eine sieht sich faul in der Sonne am Strand liegen, der andere in einer Liebesumarmung, der dritte läßt sich gerade einen Lottogewinn auszahlen. »Glück« bleibt so lange ein leeres Wort, bis ihm *bildhafte Vorstellungen* einen Sinn geben.

Als Kinder haben wir alle lebhafte Vorstellungen gehabt, wir haben Geschichten erlebt, wir haben alles mögliche gesehen. Einiges davon war auch irrational, und wenn wir das der Mutter, dem Vater gesagt haben, dann wurde es uns aberzogen: Ach hör doch auf mit dem Unsinn! Die Phantasie, das, was wir bildhaft erlebt haben, wurde uns einfach weggenommen durch intellektuelle Erwachsene, deren logischer Verstand unsere Bilder und Geschichten als wirres, unrealistisches Zeug abgetan haben. So wurden wir langsam nüchtern gemacht, sozusagen versachlicht. Aus einem kleinen Menschen voller Phantasie wurde ein nüchternes, erwachsenes Kopfwesen.

Hier eine einfache Übung, die deine Imaginationsfähigkeit, also die Fähigkeit, Bilder zu sehen, anregt:

> Lege eine Blüte, die dir besonders gefällt, vor dich auf den Tisch. Schau sie genau an. Schließe die Augen. Nun wirst du die Blüte vor deinem inneren Auge sehen. Vielleicht nur eine halbe Sekunde, vielleicht zwei, das ist nicht wichtig. Wenn du sie nicht mehr siehst, dann öffne kurz die Augen und schließe sie sofort wieder. Laß also ganz kurz das Bild der Blüte wie-

der hinein und imaginiere sie wieder, wie eine Kamera, die kurz den Verschluß aufmacht, um das Bild aufzunehmen. Wiederhole das immer wieder, fünf Minuten lang. Dann nimm einen Apfel, eine Blumenvase – was du willst. Schau den Gegenstand kurz an, schließe die Augen und imaginiere, visualisiere ihn, das heißt, sieh ihn innerlich, ohne deine körperlichen Augen.

Wenn du diese Übung an vier oder fünf Abenden, jeweils nicht länger als zehn Minuten lang, machst, dann kannst du es ein für allemal. Sag nicht, daß du mit der Imagination Probleme hast. Das ist etwas kinderleicht (wieder) zu Lernendes, es sei denn, du machst eine Problematik daraus. Wenn du dir immer wieder sagst, daß du es nicht kannst, dann ist es natürlich auch so. Es gibt Menschen, die sagen, sie können nicht rechnen, obwohl sie es doch gelernt haben, und natürlich lösen sie dann auch die einfachsten Aufgaben nicht. Wenn du dir nur lange genug einredest, daß Schnürsenkelbinden eine höchst komplizierte Sache ist, dann mußt du bald wie ein kleines Kind um Hilfe bitten...

Visualisieren, Bilder erschaffen ist also außerordentlich wichtig, denn dein Unterbewußtsein nimmt aus einem Bild mehr Informationen als aus tausend Worten.

Wenn du etwas erreichen willst, kommt es darauf an, klare innere Bilder von einer Situation zu erschaffen, die nicht mit deiner gegenwärtigen körperlichen Realität übereinstimmt. Um diese beiden Erlebniswelten *gleich plastisch* nebeneinander bestehen lassen zu können, gibt es einige lustige Übungen.

Stell dich hin, schließe die Augen, hebe den rechten Arm so, als ob du einen Regenschirm hältst. Strecke den linken Arm waagerecht nach vorne aus. Singe laut ein Kinderlied. Und nun *stell dir vor*, daß du ein kleines Kind bist, das auf dem Geländer einer Wendeltreppe herunterrutscht und dabei ein Schokoladeneis schleckt.
Oder:
Tanze einen Wiener Walzer und *stell dir dabei vor*, daß du einen Tango tanzt.

Oder:
Stell dich hin, hebe das rechte Bein etwas an, strecke den linken Arm waagerecht zur Seite und schließe das rechte Auge. *Stell dir vor,* du hebst das linke Bein, du streckst den rechten Arm waagerecht nach vorne, und du hast beide Augen geschlossen.

Mit einiger Phantasie kann man sich selbst viele Übungen dieser Art ausdenken. Noch besser funktioniert es, wenn du dir von einem anderen die Befehle geben läßt, was du tun sollst und was du dir vorzustellen hast. Und dieser andere hat garantiert auch seinen Spaß dabei...

Du bist ein Genie

August Kekulé hatte sich lange bemüht, die chemische Formel für Benzol zu finden. Doch alles Grübeln half nichts. Da träumte er von Schlangen, die ihre Schwänze fraßen – der Benzol*ring* war gefunden! Dieses Beispiel zeigt auf beeindruckende Art, was unser Unterbewußtsein alles leisten kann: Es schenkt uns wunderschöne, symbolstarke Bilder. Es springt völlig unerwartet ein, wenn der Verstand versagt. Und es hat tatsächlich die perfekte Lösung parat.

Schauen wir uns unsere zwei Arten zu denken doch einmal genauer an. Sicherlich hat August Kekulé auf der Suche nach seiner Formel lange sein Gehirn strapaziert. Aber was für ein Gehirn? Es war die Seite des Gehirns, die in Worten denkt und logische Verknüpfungen herstellt (man hat herausgefunden, daß es die linke ist). Wir haben einige Zeit in der Evolutionsgeschichte gebraucht, um diese Fähigkeit zu entwickeln; man sollte sie wahrhaftig nicht geringschätzen. Die logische Art zu denken hat nur einen Haken: Sie glaubt, sie wäre die *einzige*. Unser Verstand hält tatsächlich immer das, was er tut, für perfekt. Ein Problem, das er nicht lösen kann, ist eben nicht zu lösen – und schon gar nicht von einer so »minderbemittelten« Einrichtung wie dem Unterbewußtsein.

Deine rechte Gehirnhälfte – übrigens bei weitem nicht so rechthaberisch wie die andere – hat eine ganz andere Arbeitsweise. Sie denkt in Bildern, sie ist dein visuelles Gedächtnis. Hier ist der Ort deiner unfaßbar herrlichen Möglichkeiten, denn das visuelle Gedächtnis hat keine Grenzen.

Vergiß bitte nie: *Nur dein visuelles Gedächtnis ist das wirklich schöpferische.* Das trifft selbst auf Menschen zu, deren Lebensinhalt Abstraktion und Logik ist! Eine Untersuchung bei hervorragenden Mathematikern – darunter Albert Einstein – hat nämlich ergeben, daß praktisch alle den innerlichen Gebrauch von Wörtern oder Zahlen vermeiden. Sie denken vielmehr in Bildern oder auch in Bewegungen des Körpers. Das Umsetzen in Formeln und Worte erfolgt erst zu einem ganz späten Zeitpunkt.

Vertrau deinen Bildern, deinen Empfindungen, deinen Gefühlen, deinen Bewegungen. Auch wenn der Verstand sie »herunterputzt«. Ein *reifer* Verstand verfügt allerdings über Urteilsfähigkeit. Denn was wäre gewesen, wenn Kekulé sein Erlebnis als albernen Traum abgetan hätte?

Vergöttere deinen Verstand nicht, aber verteufle ihn auch nicht. In der rechten Weise eingesetzt, hilft er dir nämlich zu erkennen, welche Schätze in dir ruhen.

Damit das Genie in dir erwacht, ist es also wichtig, daß deine rechte und deine linke Gehirnhälfte zusammenarbeiten. Dazu eine Übung:

> Setz dich ruhig hin, schließe die Augen. Laß eine Kassette ablaufen, die du vorher besprochen hast. Auf dieser Kassette nennst du langsam verschiedene Begriffe und Situationen, die du dir jeweils getrennt in den beiden Gehirnhälften vorstellen sollst. Zum Beispiel: Links ein Apfel, rechts ein Regenschirm. Links ein lachendes Baby, rechts eine alte Frau auf der Parkbank. Links ein Schlittschuhläufer, rechts ein Windsurfer. Du kannst dir die Begriffe natürlich auch von einem anderen zurufen lassen. Wichtig ist dabei, daß du dir die Bilder nicht nacheinander, sondern nebeneinander, wie auf einem zweispurigen Film vorstellst. Zum Schluß hebe die Trennung zwischen den Gehirnhälften auf und vertausche die Bilder.

Fast jeder Mensch bevorzugt gewohnheitsgemäß eine der beiden Gehirnhälften, in unserer westlichen Welt ist es meist die linke, die mehr »benutzt« wird. Um so wichtiger ist es, die Fähigkeiten des rechten Gehirns zu stärken. Sonst bist du nichts weiter als ein brillanter Analytiker: Klug, aber tief unglücklich, weil du keinen Zugang zu deiner Schöpferkraft hast. Aber nur diese Schöpferkraft *verändert* die Dinge wirklich.

Wenn du jetzt das Gefühl hast, schon recht gut Bilder sehen zu können, ist es an der Zeit, die erste kleine »Filmproduktion« bei deinem Unterbewußtsein in Auftrag zu geben.

> Mach dir einen einfachen, klaren Wunsch bewußt. Nun stell dir vor, du müßtest einem anderen Menschen, der diesen Wunsch nicht kennt, in einem Stummfilm von etwa 10 Sekunden Dauer, unmißverständlich klarmachen, was du dir wünschst.
> Du bist jetzt dein eigener Schauspieler, Regisseur, Kameramann und Beleuchter und drehst diesen Film. Drei, vier einfache Szenen, die beschreiben, was du meinst, genügen vollkommen. Ein Beispiel: Du wünschst dir, falls du talentiert dazu bist, ein großer Pianist zu sein. Dann könnte dein Film etwa so aussehen: Du sitzt in einem großen, schönen Konzertsaal am Flügel, man sieht dich spielen. Das Publikum hört gebannt zu. Du hast dein Spiel beendet, verbeugst dich, man sieht, wie die Leute klatschen und jubeln, Blumen auf die Bühne fliegen. Danach feierst du mit Freunden und Verehrern in einem noblen Restaurant, ein Sektkorken schießt hoch, deine Freundin fällt dir um den Hals...

Am besten ist es, die Regieanweisungen für diesen Film – es können natürlich auch mehrere zu verschiedenen Themen sein – auf ein Blatt Papier zu schreiben und sie oft durchzulesen. Spiel dir diesen Film in deinem Kopfkino immer wieder vor, in der U-Bahn, in der Badewanne, abends vor dem Einschlafen...

Dein Glaube versetzt Berge

Deine ganze Entspannungstechnik, deine ganze Fähigkeit zu imaginieren nützen gar nichts.

Jetzt bist du schockiert, denn wir haben ja die ganze Zeit davon geredet, wie wichtig beides für dich ist. Wir möchten dich aber nur hellwach machen für das, was jetzt kommt: *Du erreichst deine Ziele nur, wenn du glaubst, mit der ganzen Kraft deines Herzens glaubst, sie zu erreichen.* Wenn du Vertrauen hast in diese Technik, diese Möglichkeit, diesen Weg. Wenn du generell das Vertrauen hast, daß du das, was du möchtest, auch erreichst. Wenn du in dich selbst Vertrauen hast.

Wenn du kein Vertrauen hast, gelingt auch bei den ausgeklügeltsten Übungen nichts. Wer einen massiven Minderwertigkeitskomplex hat, der kann hundert Jahre lang das Tollste visualisieren, bis vielleicht endlich dieser Komplex durchlöchert ist.

Hab Vertrauen in dich! Das wird dir nicht leichtfallen, wenn du in deiner Kindheit statt bestätigt bezweifelt wurdest. Doch es gibt keine andere Möglichkeit, zum Ziel zu kommen, als diese Zweifel, diese Befürchtungen, dieses Mißtrauen wieder abzubauen. Sonst wirst du dich ewig nur im Vordergrund entspannen – imaginieren – und im Hinterkopf an dem, was du gerade tust, zweifeln. Denn kein Vertrauen zu haben, das ist ja Zweifel. Und dann wird dir nicht das, was du willst, geschehen, sondern das, was du befürchtest. Dieses Gesetz ist nicht neu, wir kennen es alle, aber es ist entscheidend, daß du es ganz für dich entdeckst, nicht wieder im Kopf, sondern ganz tief innen. Sei dir bewußt: *Nicht das, was du möchtest, nicht das, was du willst, geschieht, sondern das, was du glaubst.* Und wenn du etwas befürchtest, dann glaubst du es. Befürchtung ist negativer Glaube. Du mußt also an das, was du willst, auch glauben, sonst geht es in alle Ewigkeit nicht in Erfüllung. Genau da enden die meisten in einer Sackgasse. Doch du mußt in deinem Glauben fest sein. Nichts darf dich berühren in deinem Glauben. Nicht in deinem Glauben an die Zukunft, nicht einmal an Gott. In deinem Glauben an dich selbst. Dieser Glaube ist das A und O, wenn du nach Erfolg strebst.

Wenn du ein Zweifler bist, dann beginne doch einmal, über die Natur deines Selbst nachzudenken. Nicht intellektuell nachzudenken, einfach Informationen zu sammeln über die Natur dieses Selbst. Ist es Seele, ist es Bewußtsein, was ist es? Bemühe dich einige Tage, einige Monate – das ist eine Frage deiner Intention. Und in dem Maße, in dem dir *intuitiv* Informationen zufließen, wirst du dir zwangsläufig der Größenordnung, der Natur deines Selbst bewußt werden. Du wirst Bewußtsein haben über dein Selbst. Und das ist dann der Zeitpunkt, an dem andere zu dir sagen: Mein Gott, bist du aber selbstbewußt! Dann solltest du lachen und dich freuen und bestätigen: Ja, ich weiß etwas von meinem Selbst. Ich bin mir meines »Selbst« bewußt. In dem Maße, in dem du das fortsetzt, dir der Eigenschaften deines Selbst bewußt zu werden, wirst du Vertrauen gewinnen. Und wenn du diesen Vorgang weiter steigerst, weiter Sehnsucht hast nach Erkenntnis, und diese Sehnsucht verstehst als Anklopfen, auf das mit Sicherheit aufgetan wird – dann wird aus diesem Selbstbewußtsein die nächsthöhere Potenz, nämlich Vertrauen. Vertrauen ist also das Resultat von etwas.

Akzeptiere es niemals, wenn man von dir verlangt, blind zu vertrauen. Lehne blinden Glauben, blinden Gehorsam ab. Wir haben die Möglichkeit, das, was glaubhaft ist, auch zu erfahren. Wir sollten uns also über die Erfahrung dorthin begeben und nicht blind glauben. Aber wir haben das Wort »Glaube« früher in der Kirche so oft gehört, daß wir es jetzt nicht mehr hören können und auf »Durchzug« schalten, sobald davon die Rede ist. Wir denken gar nicht mehr darüber nach, was wirklich damit gemeint ist.

Glaube ist also das Ergebnis von Selbstvertrauen, Selbstvertrauen ist das Ergebnis von Selbstbewußtsein, Selbstbewußtsein ist das Ergebnis von Meditation oder Denken über das Wesen des Selbst. Und auf diesem Wege wird dir dann auch Gott begegnen, nicht Gott als menschliche Vaterfigur, sondern Gott als nicht denkendes, reines, bewußtes Sein. Hier ist eine Trancereise, die dich dieser Begegnung näher bringen kann. Am besten ist es, wenn du sie dir auf Band sprichst oder sprechen läßt:

Kosmische Reise

Meditation von Klaus Biedermann

Lege dich bequem auf den Rücken, deine Füße fallen auseinander, deine Arme liegen neben deinem Körper, du schließt die Augen. Du atmest in deine Mitte, du atmest in dein Zentrum. Begleite deinen Atem. Sei ganz bei deinem Atem und atme ganz bewußt. Deine ganze Aufmerksamkeit richtet sich auf deinen Atem. Du atmest in deine Mitte. In deiner Mitte ist die Quelle der Ruhe. Stell dir ruhig eine Quelle vor, in die du hineinatmest – in deine Quelle der Ruhe. Und du erlaubst nun deinem Körper sich auszuruhen. Du erlaubst deinem Körper sich zu entspannen. Du erlaubst deinem Körper zu schlafen. Aber nur dein Körper wird schlafen. Dein Bewußtsein ist immer wach. Du wirst meine Stimme immer deutlich verstehen. Alles andere ist gleichgültig und weit weg und ganz egal. Alle deine Gedanken fallen von dir ab, wie die Blätter eines Baumes im Herbst. Stell dir einen Baum im Herbst vor, der seine Blätter verliert. Langsam – Blatt für Blatt. Und mit jedem Blatt, das zu Boden fällt, entspannst du immer tiefer und tiefer. Du läßt dich nun hineingleiten in einen angenehmen Zustand der Entspannung, und du erlaubst dir, alles loszulassen. Du konzentrierst dich nur auf die Entspannung, und du entspannst deine Beine. Du entspannst deine Gesäßmuskeln. Du entspannst deine Bauchmuskeln. Du entspannst deine Rückenmuskeln. Du entspannst deinen Brustkorb mit den Atemmuskeln. Du entspannst deine Schultern. Dein Atem geht wie von selbst in deine Mitte ein und aus. Du entspannst nun deine Arme bis hinunter in deine Fingerspitzen, so daß auch deine Hände vollkommen ruhig sind. Du entspannst deine Nackenmuskeln und gehst über die Schläfe zur Stirn, und du entspannst deine Stirn. Deine Stirn ist entspannt und ganz glatt. Du hast deine Augen geschlossen, und in den Augen ist es dunkel. Dein Blick ist auf die Nasenwurzel gerichtet – auf den Punkt zwischen den Augenbrauen. Und du entspannst deinen Mund. Dein Mund ist entspannt und ganz leicht geöffnet. Deine Zunge ist gelockert und gelöst, und du spürst nun, wie dein Gesicht von Atemzug zu Atemzug entspannter und weicher wird. Mit jedem Atemzug wird dein Gesicht entspannter und weicher, so wie dein übriger Körper auch entspannter und weicher wird. Und du wirst auch gleich spüren, wie dein Körper angenehm schwer wird. Dein Körper wird mit jedem Atemzug schwerer werden, bis du vollkommen entspannt und angenehm schwer auf der Unterlage ruhst. Ich werde jetzt gleich zählen von 10 zurück bis 1, und während ich zähle, stellst du dir bitte vor, du stehst auf einer Rolltreppe, die langsam nach unten fährt, nach unten in die Entspannung und in die Schwere. Während ich also zähle, fährst du langsam nach unten in die Entspannung und in die Schwere. Ich beginne zu zählen: 10 – 9 – 8 – Du fährst nach unten – 7 – 6 – 5 – 4 – Du wirst schwerer und schwerer – 3 – 2 – 1. Dein Körper ist entspannt, dein Körper ist ruhig, dein Körper ist schwer, dein Körper schläft. Und während dein physischer Körper hier in diesem Raum vollkommen entspannt und schwer liegt, bist du mit deiner Phantasie bereit, diesen Raum zu verlassen. Du bist bereit, diesen Raum zu verlassen zu einer kleinen Reise.

Stell dir vor, du bist auf einer Frühlingswiese – auf einer wunderschönen Frühlingswiese mit vielen Blumen und blühenden Bäumen. Die Sonne scheint, und es ist angenehm warm. Am Himmel ziehen vereinzelt weiße Wolken. Und du bist auf dieser Wiese und du fühlst dich sehr wohl. Du wirst hier auf dieser Wiese an Situationen erinnert, in denen du sehr glücklich warst. Und dieses Gefühl erlebst du hier wieder. Du bist auf dieser Wiese und schaust in die Wolken. Niemand weiß, woher sie kommen, niemand weiß, wohin sie ziehen. Und je länger du in die Wolken schaust, desto tiefer entspannst du. Und dann gehst du ein Stück über die Wiese, und du kommst zu einem herrlichen Wasserfall. Du kommst zu einem wunderschönen Wasserfall, und du stellst dich unter das Wasser dieses Wasserfalls. Und dieses Wasser spült alles von dir weg – deine ganze Vergangenheit, auch das, was heute geschehen ist. Alles wird von dir weggespült. Du spürst die herrlich erfrischende Kraft des Wassers. Über dem Wasserfall steht ein wunderschöner Regenbogen. Du spürst die Kraft des Wassers in dich einströmen. Du spürst, wie dich dieses Wasser erfrischt und belebt. Und du genießt es, unter diesem Wasserfall zu stehen. Und dann verläßt du diesen Wasserfall und gehst zurück auf die Wiese und legst dich in das Gras. Du liegst im Gras und läßt dich von der Sonne trocknen. Genieße die Wärme der

Sonne. Du spürst einen sanften Wind, der deinen Körper streichelt, und liegst einfach da und ruhst dich aus, ruhst dich aus wie nach einer langen und beschwerlichen Reise. Und du schaust in die Wolken. Du schaust in die Wolken, und du siehst, wie eine dieser Wolken, eine kleine weiße Wolke, zu dir herunterkommt – zu dir auf die Erde und sanft neben dir landet. Und du stehst auf und du legst dich in diese Wolke hinein. Und du fühlst dich unendlich geborgen. Geborgen und bequem. Du liegst einfach da. Und dann spürst du, wie diese Wolke langsam, ganz langsam vom Boden abhebt und mit dir davonfliegt. Immer höher fliegt und mit dir über die Landschaft dahinfliegt. Du fliegst über wunderschöne Landschaften, über Wiesen, über Wälder, über Berge, über Flüsse und Seen. Du liegst in deiner Wolke vollkommen entspannt. Du spürst die Wärme der Sonne, ein leichter Wind schaukelt sanft die Wolke. Und du genießt es, dir all diese Landschaften von dort oben aus anzuschauen. Und dann spürst du, wie diese Wolke langsam höher fliegt, langsam, aber stetig höher steigt. Höher und höher. Und du siehst jetzt die Natur dort unten wie ein Mosaik und noch höher fliegt die Wolke. Höher und höher. Und du siehst nun schon die einzelnen Erdteile dort unten und die Meere, und die Wolke fliegt weiter. Höher und höher. Du spürst, daß deine Wolke hinausfliegt in das Universum. Hinaus in das Weltall. Du siehst die Erde jetzt schon dort unten als eine bunte Kugel. Und du fliegst vorbei an dem Mond, der zu unserer Erde gehört, vorbei an den Sternen und den Planeten. Du fliegst hinaus in das Universum. Und je weiter du fliegst, je weiter du kommst, desto freier fühlst du dich. Und du spürst, du bist ein Teil des Universums. Du liegst in deiner Wolke und fliegst und fliegst. Und du kommst vorbei an unbekannten Planeten und unbekannten Sternen. Du liegst in deiner Wolke und fliegst durch den Kosmos. Du fliegst weiter und weiter, und du siehst von weitem einen kleinen Punkt, einen kleinen Punkt von goldenem Licht. Und auf dieses Licht fliegt deine Wolke zu. Und je näher du diesem Licht kommst, desto größer wird es. Es wird größer und größer, je mehr du dich ihm näherst. Und dann siehst du, daß deine Wolke auf ein riesengroßes Lichtfeld zufliegt. Auf ein großes Feld kosmischen Lichtes, goldenen kosmischen Lichtes. Deine Wolke fliegt hinein in dieses kosmische Licht. Und hier in diesem kosmischen Licht bleibt deine Wolke stehen.

Und du bist umgeben von goldenem, warmen, kosmischen Licht. Warmes, goldenes, kosmisches Licht umgibt dich, und du öffnest dich. Du öffnest deinen Körper, deinen Geist und deine Seele und läßt dieses kosmische Licht in dich einströmen. Du spürst eine wunderbare warme, goldene Energie in dich einströmen. Dein Körper wird angefüllt mit dieser kosmischen Energie. Du spürst, wie dieses Licht in jede Zelle deines Körpers fließt, in jedes deiner Organe. Dieses kosmische Licht strömt in dein Herz. Und dein Herz leuchtet nach außen. Das kosmische Licht strömt in deine Lungen. Das kosmische Licht strömt in alle deine Organe und erfüllt deinen ganzen Körper. Und dann spürst du, wie sich deine Seele weitet. Deine Seele wird ganz weit. So weit wie dieses kosmische Licht. Deine Seele ist so groß und so weit wie dieses Feld kosmischen Lichtes. Und hier oben spürst du, du bist eins mit dem Universum. Du bist eine Einheit mit dem Universum. Dein Körper, dein Geist und deine Seele sind angefüllt mit kosmischer Energie, mit wundervoller, goldener, kosmischer Energie. Und jetzt spürst du, wie sich deine Wolke langsam wieder in Bewegung setzt und dieses kosmische Lichtfeld verläßt; aber du spürst, du nimmst einen Teil dieser kosmischen Energie mit, denn du hast diese kosmische Energie in dir. Und mit dieser kosmischen Energie ist eine tiefe Zufriedenheit in dich eingeströmt. Du spürst ganz deutlich diese tiefe Zufriedenheit, die in dir ist, die dein ganzes Sein erfüllt. Deine Wolke fliegt zurück durch das Weltall. Du kommst wieder vorbei an den Sternen und den Planeten. Du fliegst zurück durch das Weltall, und du fühlst dich wohl und geborgen. Du ruhst in dir selbst. Du ruhst in dir selbst. Du fühlst dich wohl, und du weißt, du bist frei. Und du weißt, das Universum sorgt für dich.

Übungen, die deine Intuition stärken

Als Albert Einstein einmal gefragt wurde, was denn das Geheimnis bei der Entwicklung seiner berühmten Relativitätstheorie gewesen sei, antwortete er: »Der wirklich wertvolle Faktor war Intuition.«

Nun glaube aber nicht, daß nur Geistesgrößen wie Einstein über diesen »wertvollen Faktor« verfügen. Auch die Mutter, die nachts ohne besonderen Anlaß den Drang verspürt, nach ihrem Baby zu sehen, handelt intuitiv. Oder der Geschäftsmann, der einem Partner mißtraut, obwohl nichts Greifbares gegen ihn vorliegt. Intuition ist die Eingebung, die innere Stimme, die Belehrung, die aus dem eigenen Inneren kommt. Oft tritt dieses Wissen schlagartig, wie ein Blitz, an die Oberfläche des Bewußtseins. *Jeder* Mensch verfügt über Intuition. Wenn du das Gefühl hast, nicht intuitiv zu sein, ist diese Gabe bei dir verschüttet. Die Stimme der Intuition ist leise. Sie ist nur vernehmbar, wenn sich der Geist in einem Zustand der Entspannung, Friedfertigkeit und Stille befindet. In einem Zustand immer tiefer werdenden Friedens. So ungefähr wie »Sein ohne Tun« oder der Zustand des entspannten Betrachtens. Manchmal allerdings auch in Augenblicken höchster Gefahr, wenn dich dein höheres Selbst vor dem Tod schützen will.

Vertraue deiner inneren Stimme, egal was »die Leute« sagen. Entkräfte ihre Weisungen nicht durch spitzfindige logische Argumente. Dein Intellekt soll deine intuitiven Erkenntnisse nicht zerpflücken – was er gerne tut, wenn man ihn nicht bremst. Er soll vielmehr Wege finden, sie nutzbar zu machen.

Wie Catherine Ponder in ihrem Buch *Die Heilungsgeheimnisse der Jahrhunderte* so treffend schreibt: »Wenn du einmal gelernt hast, dein intuitives Verstehen zu gebrauchen, so wirst du niemals mehr zu der alten Methode des logischen Kombinierens und der angestrengten Willenskraft zurückkehren, genauso wenig wie einer, der die Elektrizität zu handhaben und zu gebrauchen gelernt hat, zu Kohle, Öl und den alten Lebensweisen zurückkehrt.«

In der Intuition liegt die (Los-)Lösung deiner Probleme

Intuition löst Probleme, schafft überraschende Auswege aus verfahrenen Situationen, eröffnet dir ungeahnte Chancen. Du kannst die Macht der Intuition gar nicht überschätzen. Laß diese Geisteskraft in dir erwachen. *Glaube* an ihre immerwährende Existenz in deinem Inneren. Sage dir oft: *Ich bin intuitiv.*

Hier eine Übung, die deine intuitive Kraft stärkt:

> Geh in eine tiefere Entspannung. Stell dir vor, wie du mit einem Menschen, den du sehr magst, Freundschaft schließt. Vielleicht lächelt ihr euch an, berührt euch, tauscht Geschenke aus. Es ist gleichgültig, was du tust, du sollst nur ein Gefühl der innigen Freundschaft zum Ausdruck bringen. Und nun wähle den Sitz deines Unterbewußtseins in deinem Körper aus. Ist es im Kopf, im Herzen? Im Bauch, im Becken? Triff deine Wahl spontan, nicht nach logischen Überlegungen. Nun stell dir vor, daß dein Unterbewußtsein in dem von dir gewählten Körperteil eine Form hat. Ist es ein stiller, tiefer See? Ist es ein Feuerball? Ist es eine Quelle? Wenn du dein Bild gefunden hast – wieder ganz spontan –, dann beginne, mit deinem Unterbewußtsein Freundschaft zu schließen. Sag ihm vielleicht, daß du seine Fähigkeiten achtest und bewunderst, und bitte es darum, dir mit intuitiven Eingebungen zu Hilfe zu kommen. Sei ganz offen, zärtlich und gefühlvoll bei dieser Freundschaftszeremonie. Zum Schluß bedanke dich bei deinem Unterbewußtsein und verabschiede dich in dem Wissen, ein Bündnis mit dem wichtigsten Freund deines Lebens geschlossen zu haben.

Diese Übung hat eine ungeheure Wirkung, oft beschenkt dich dein Unterbewußtsein schon am gleichen Tag mit einer wertvollen intuitiven Einsicht.

Doch Intuition ist nicht nur eine Versenkung in das eigene, innere Selbst. Intuition ist auch der Kanal, durch den die Ideen, die außerhalb deines Selbst liegen, zu dir kommen. Intuition hilft teilhaben an kosmischem Wissen.

Gewöhnlich denken wir, daß unser »Ich«, unsere Persönlichkeit, etwas vollkommen Getrenntes von anderen »Ichs«, von der Welt da draußen ist. Doch wir haben schon gesehen, daß das eine Illusion ist, daß in Wahrheit alles, was in diesem Universum existiert, voneinander abhängt, miteinander in Beziehung steht. Es gibt keinen Gott, kein göttliches Wissen »da draußen« und »da oben«. Gott, das göttliche Wissen ist in uns. Wissenschaftler haben herausgefunden, daß Menschen aus derselben Art von Materie bestehen wie die Sterne. Wir alle sind also Sternenstaub. Ist das nicht eine wunderschöne Vorstellung? Der Sinn unseres Lebens liegt darin, »selbstbewußt« zu werden, das heißt, unsere göttliche Natur zu erkennen. Dann muß man lernen, in dieses Wissen Vertrauen zu haben, daran zu *glauben*, daß durch uns das Prinzip wirkt, das dieses Universum geschaffen hat. Intuition ist dieser Verbindungskanal zwischen innen und außen, zwischen dem Individuum und dem kosmischen Wissen. Sozusagen die »Standleitung« von der prinzipiellen Ebene zu sogenannten individuellen Bereichen in uns. Wenn du dich deinem intuitiven Wissen öffnest, hast du also zugleich den Königsweg zu deinem eigenen Inneren und hinaus in die unendlichen Möglichkeiten des universalen Geistes gefunden.

Frag doch einfach mal

Vielleicht ist dir die unendliche Weite, die kosmische Dimension, mit der du durch deine Intuition in Verbindung stehst, noch etwas unheimlich. Dann betraue deine innere Stimme doch erst einmal mit kleineren Aufgaben, die dir persönlich aber sehr am Herzen liegen.

Hier eine Übung:

> Nehmen wir an, du hast ein bestimmtes Problem. Du hast schon viel hin und her überlegt, gegrübelt, analysiert, erwogen, Wahrscheinlichkeiten in Betracht gezogen. Dein Verstand hat dir aber keine Lösung geboten, die dir eingeleuchtet hat. Nun mach folgendes. Tu, als wäre dein Problem ein Ding. Nimm einen Karton und pack dein Problem hinein. Schließe den Karton fest – wenn du magst, kannst du Ge-

schenkpapier drumherumwickeln und eine schöne Schleife anbringen –, denn Probleme sind Geschenke, die wir uns selber machen. Trag das Paket in den Keller. Es ist ein schöner, sauberer, trockener Raum. Dort steht ein breites Regal. Leg dein Paket in dieses Regal und verlasse den Raum, schließe die Tür hinter dir ganz fest. Und nun denke nicht mehr an dein Problem. Das ist sehr wichtig: Zieh deine Gedanken *vollkommen* ab von deinem Problem. Wenn immer du daran denken möchtest, unterbrich deinen Gedankenfluß sofort. Nach einiger Zeit wird aus dem Keller – das ist dein Unterbewußtsein – intuitiv eine Lösung für dein Problem aufsteigen.

Diese Paket-Übung ist sehr effektiv, wenn man es wirklich schafft, das Problem in Ruhe zu lassen!

Nicht immer hat man so säuberlich »abgepackte« Probleme. Oft fühlt man sich nur irgendwie am Ende mit seinem Latein, ausgelaugt, hilflos. Man weiß, daß etwas schiefläuft, aber man kann nicht genau sagen, was. Wenn deine intuitiven Fähigkeiten zugeschüttet sind, hast du leicht das Gefühl, in Routine erstarrt zu sein. Dann ist es Zeit, ganz direkt mit deinem Selbst in Kontakt zu treten.

Entspanne dich, geh nach der Notizbuch-Methode in Trance. Stell dir vor, du stehst auf einer Sommerwiese. Es ist angenehm warm, du hörst das Zwitschern der Vögel, du siehst die bunten Blumen und atmest ihren Duft ein. Ein leichter Wind streicht über dein Gesicht. Du fühlst dich sehr wohl. Nun gehst du einen Weg entlang, langsam, in aller Ruhe. Da siehst du in der Ferne eine Gestalt, die dir entgegenkommt. Du kannst nicht erkennen, wer das ist, aber du spürst, daß diese Gestalt Wohlwollen und Wärme ausstrahlt. Du hast Vertrauen zu ihr, du gehst ihr gern entgegen. Nun begegnet ihr euch auf deinem Weg, und du »erkennst« diese Gestalt, die die innigsten und liebevollsten Gefühle in dir wachruft. Vielleicht ist es jemand, den du kennst, vielleicht ein alter Mann oder eine weise Frau. Das ist belanglos, gib der Gestalt die Erscheinung, der du das größtmögliche Vertrauen schenken kannst. Nun setzt du zusammen mit diesem Wesen deinen

Weg fort. Ihr kommt in eine kleine Kapelle. Diese Kapelle ist so ausgestattet, daß du dich so wohl wie nur möglich darin fühlst. Mit Gold, Malereien, Marienstatuen, Jesusfiguren, Buddhas, was immer du möchtest. Nun beginnst du mit deinem Begleiter eine Unterhaltung. Frag ihn alles, was du wissen möchtest. Über deinen Lebensweg, über bestimmte Konflikte, über Gesundheitsprobleme... Dieses Wesen ist dein *Selbst*, und es weiß alles über dich, in der Vergangenheit, Gegenwart und Zukunft. Sei ganz ruhig, und du wirst Antworten erhalten. Vielleicht nicht in Worten, sondern in Handlungen, Symbolen oder Bildern. Unterhalte dich mit deinem Selbst, solange du willst. Wenn du das Gefühl hast, daß es genug ist, bedanke und verabschiede dich. Geh in völligem Wohlbefinden und dem Wissen, daß sich alles zum Besten gewendet hat, den Weg durch die Wiesen zurück.

Mit dieser Übung kannst du die wichtigste Entdeckung deines Lebens machen. Du erkennst, vielleicht urplötzlich, daß alles, was du brauchst, in dir liegt. Alle Hilfe, die es gibt, gibst du dir selbst. Äußere Umstände, andere Menschen können nur Anstöße geben, damit du diesen Schatz in dir selbst endlich hebst.

Übungen, um das »Jetzt« besser zu erfahren

Es war einmal ein berühmter Zen-Meister, der wußte, daß seine Zeit zu sterben gekommen war. Alle seine Schüler hatten sich vor seinem Haus versammelt und warteten auf eine letzte große Wahrheit des Meisters. Da ließ er seinen Lieblingsschüler zu sich rufen und beauftragte ihn damit, ihm ein Stück Kuchen zu holen. Der Schüler holte den Kuchen und ging wieder zu seinem Meister. Als er nach einiger Zeit aus dem Haus kam, bestürmten ihn die anderen Schüler, ihnen zu sagen, welche große Wahrheit der Meister am Ende seines Erdenlebens verkündet hatte. Der Lieblingsschüler sagte: »Der Meister hat gesagt: Der Kuchen war köstlich.«

Und nun eine Anekdote über einen Studenten, der sich einem psychologischen Test unterzog. Der Psychologe zeigte ihm ein Bild, auf dem eine Waldwiese zu sehen war, und fragte ihn: »Woran denken Sie dabei?« Der Student sagte: »An Sex.« Der Psychologe zeigte ihm ein Bild, auf dem eine Stadtansicht zu sehen war, und fragte ihn: »Woran denken Sie dabei?« Der Student sagte: »An Sex.« Der Psychologe zeigte ihm ein abstraktes Gemälde und fragte: »Woran denken Sie dabei?« Der Student antwortete: »An Sex.« Dann zeigte ihm der Psychologe ein Bild, auf dem ein Paar in heftiger Umarmung zu sehen war. Er fragte: »Woran denken Sie dabei?« Der Student sagte: »An mein Auto.«

Die meisten Menschen gehen wie im Schlaf durchs Leben und hängen mit ihren Gedanken entweder in der Vergangenheit oder in der Zukunft. Oder sie träumen sich an einen anderen Ort. Wenn sie im Theater sitzen, denken sie an die Skipiste, wenn sie auf der Skipiste sind, denken sie an die Sauna, wenn sie am Strand liegen, denken sie an Sex, wenn sie Sex haben, denken sie an die ungebügelten Hemden... Schläfst du dich auch mit offenen Augen durchs Leben? *Wach auf*, erkenne, daß das Leben hier und jetzt und nicht »Wenn... dann« ist, denke nie mehr: *Wenn* ich ein Haus habe, *dann* bin ich glücklich. Oder *wenn* meine Kinder erwachsen sind, *dann* tue ich etwas für mich. Oder gar: Wenn ich dies oder jenes *hätte* oder *wäre*, *dann*... Es gibt kein wenn... dann. Es gibt nur dich, jetzt, in diesem Augenblick. Alles, was du verändern willst, weil es dich behindert, muß hier und jetzt geändert werden. Die Zukunft ändert sich nur, wenn die Gegenwart umgestaltet wird. Alles, was du tun willst, kannst du nicht irgendwann tun, sondern du mußt jetzt gleich damit beginnen. Heute ist der erste Tag vom Rest deines Lebens.

Hier eine kleine Übung, die du öfters machen solltest:

> Sag dir ganz unvermittelt – oder laß es dir von jemand anderem zurufen – das Wort »Stopp«. Halte daraufhin auf der Stelle mit allem inne, was du gerade tust. So als ob ein Film »einfriert«. Werde dir deines Gefühls für dich bewußt. Welche Muskeln spannst du gerade an? Welche Empfindungen hast du in diesem Moment? Fahre nach einigen Sekunden mit dem fort, was du gerade tust.

Gewöhne dir an, auch wirklich bei dem zu sein, was du gerade tust. Führe deine Gedanken geduldig und beharrlich immer wieder zu deiner unmittelbaren Gegenwart zurück. Glück ist ein Gefühl der vollkommenen Gegenwärtigkeit. Wenn du dich an besondere Glücksmomente in deinem Leben erinnerst, wirst du eine Gemeinsamkeit erkennen: Du warst vollkommen im Jetzt, jede Empfindung für Zeit hatte sich aufgelöst.

Die letzte große Wahrheit des sterbenden Zen-Meisters war also: Seid gegenwärtig, kostet den Augenblick aus, bis zur allerletzten Sekunde eures Lebens. Denn das ist das Leben: Der Geschmack des Kuchens auf der Zunge. Der Hauch des Windes, der über das Schilf streift. Der Moment, in dem dir ein Fremder tief in die Augen sieht, um dann für immer wegzugehen.

Hier eine Übung:

> Setz dich ganz entspannt und bequem hin. Leg die Hände auf die Oberschenkel, so daß die Handinnenflächen nach oben gekehrt sind, aber ohne Anstrengung. Schließ die Augen. Laß los. Laß geschehen, was immer geschieht. Laß ein Gefühl in dir entstehen, das angenehm ist. Da ist kein Mensch, der dir etwas vorschreibt. Es ist ganz allein dein Gefühl. Laß dich jetzt tief in dein angenehmes Gefühl hineingleiten. In innere Ruhe, in Harmonie, Frieden. Dehne dieses Gefühl auf den ganzen Raum aus, in dem du sitzt. Erhöhe deine Stimmung, deine innere Schwingung, indem du dir vorstellst, daß Licht in dir ist. Überall in dir ist Licht. In deinem Kopf, in deinem Oberkörper, in deinem Unterleib, in deinen Armen, in deinen Beinen. Nun ist das Licht dabei, durch deine Poren nach außen zu dringen. Wenn du die Augen öffnest, kommt ein Strahlen aus ihnen. Fühle mit deinem ganzen Körper, mit deinem ganzen Sein: Es ist schön, hierzusein. Es ist schön, dazusein, einfach nur dazusein. Teilzuhaben. An allem teilzuhaben. An allem teilzuhaben. Hier und jetzt.

Diese Übung wird dich öffnen, durchlässig, empfänglich machen für alles, was ist.

Lerne wieder zu hören

Ein Naturphilosph des letzten Jahrhunderts hat gesagt: »Das Auge ist nach außen gerichtet, es erfaßt immer nur den äußeren Menschen. Das Ohr dagegen zieht die Außenwelt in die menschliche Seele ein und erfaßt den inneren, verborgenen Menschen. Das Gehör ist also der zentrale Sinn.«

Wir alle sind Augenmenschen. Wir geben sehr viel auf das *Aussehen* eines anderen, wir vertreiben uns die Zeit mit *Fernsehen*, wollen aber nicht *einsehen*, wie es um unsere Welt steht. Die berühmten Seher der Antike, die hinter die Dinge schauen konnten, waren blind. Unseren Gehörsinn haben wir dagegen unempfänglich gemacht. Wir wollen nicht *hören*, wir können nicht *zuhören*, wir erzeugen Lärm um uns herum, um Stille nicht ertragen zu müssen.

Stille führt nach innen, zu uns selbst. Warum kannst du es manchmal nicht aushalten, wenn es vollkommen still um dich herum ist? Weil du dir dann selbst begegnest. Hab Vertrauen. Such diese Selbstbegegnung. Wir haben schon gesagt, daß die Stimme der Intuition leise ist. Öffne deine Ohren. Mach dich empfänglich für die feinen, hohen Frequenzen. In einem Radio stellt man meist den Sender ein, den man am lautesten und deutlichsten empfängt. Wenn du diesen Sender den ganzen Tag hörst, wirst du feststellen, daß auf diesem Kanal auch viel Dummes und Seichtes kommt. Irgendwann wirst du auf die Suche nach anderen Sendern gehen. Sie werden nicht so deutlich zu empfangen sein, aber du wirst mit wunderschöner Musik oder wertvollen Informationen beschenkt. Ab jetzt willst du nie wieder nur einen einzigen Sender hören.

Nimm nicht nur die Seiten der Wirklichkeit an, die dir am deutlichsten vor Augen stehen. Genieße das Laute, Bunte, Direkte. Aber geh weiter, geh durch das Augenscheinliche hindurch.

Hier eine alte Zen-Übung:

> Setz dich hin, schließe die Augen. Laß deinen Atem ganz entspannt durch deinen Bauch fließen. Höre auf deinen Atem. Wenn du das eine Weile getan hast, wirst du durch deinen Atem hindurchhören. Du hörst jetzt den Raum, in dem du sitzt. Nimm dir aber nicht vor, ihn unbedingt hören zu wol-

len. Höre ihn einfach. Höre dann durch den Raum. Vielleicht hörst du Autohupen, Radiomusik, Stimmen. Nimm alles hin, sortiere nicht, was du gerne hören möchtest und was nicht. Jetzt höre durch alle Geräusche hindurch. Höre hinter die Geräusche. Dort ist die Stille. Jetzt hörst du nur noch deinen eigenen Körper, ein Pochen vielleicht. Wenn Gedanken kommen, laß sie vorbeiziehen. Vielleicht nicht beim ersten Mal, aber irgendwann erfährst du: Auch die Stille ist laut, die Stille dröhnt. Höre auch durch dieses Dröhnen hindurch. Du bist jetzt deine Ohren. Deine Ohren sind Segel, mit denen du auf dem Meer des Seins segelst. Laß dich einfach auf diesem Meer des Seins treiben. Beginne auf das zu lauschen, was dir hinter dem Leisesten, von dir noch Wahrzunehmenden begegnen wird.

Wenn du die Ewigkeit erfahren willst, mußt du das Jetzt erleben können, denn beides ist ein und dasselbe. Wenn du die Zukunft verbessern willst, so gibt es keinen anderen Weg, als das Jetzt zu verändern. In einem der Seth-Bücher von Jane Roberts, *Die Natur der persönlichen Realität*, ist das kurz und treffend ausgedrückt:

Der Kraftpunkt liegt in der Gegenwart.

Das bedeutet, hier und jetzt ist der Hebel, an dem du ansetzen mußt, denn dieses Hier und Jetzt ist die einzige Realität, die wir haben. »Zukunft« und »Ewigkeit« sind nur gedankliche Abstraktionen. Du mußt also erst einmal deinen gegenwärtigen Zustand akzeptieren, das heißt *wahrnehmen*, um ihn verändern zu können.

Der Kraftpunkt liegt in der Gegenwart. Erweckt dieser schöne Satz nicht auch in dir ein herrliches Gefühl von Stärke, Chance, Möglichkeit oder, modern ausgedrückt, »Power«? Da ist keine Vergangenheit, die dich nach unten zieht, da gibt es keine Zukunft, die dräuend über dir hängt. Das einzige, was es gibt, ist das Jetzt. Und dieses Jetzt ist dein Sprungbrett. Jetzt. Und jetzt. Und jetzt.
Und jetzt.

Partner- und Gruppenübungen

In der Gruppe

Ein organisches Ganzes ist mehr als die Summe seiner Teile. Eine Gruppe hat mehr Energie, als die addierte Energie ihrer Mitglieder ergibt. Gerade wenn du scheu, in dich gekehrt und am liebsten allein bist, tun dir Gruppenaktivitäten gut, denn nur *unter* Menschen verlierst du die Angst *vor* Menschen. Wir machen im folgenden Vorschläge für Übungen, die du in der Gruppe – vielleicht in einem Freundeskreis – ausprobieren kannst. Bitte achte darauf, daß niemand unter euch geistig krank ist. Arbeitet am besten mit einem Therapeuten. Du solltest auch keinesfalls bei euren Treffen *nur* diese Übungen machen, es passiert dann zu wenig, und ihr werdet enttäuscht auseinandergehen. *Es ist unbedingt notwendig, sich für diese Übungen vorher »weich« zu machen, das heißt, Spannungen körperlich abzureagieren.* Das kann man durch mehrere Verfahren erreichen. Die dynamische Meditation eignet sich ausgezeichnet dafür. Wenn du sie nicht kennst, such dir jemanden, der sie dir beibringt. Sie ist nicht schwierig, aber durch Worte nicht richtig zu erklären, man lernt sie am besten durch »nachmachen«. Sehr gut ist es auch, mindestens eine Stunde lang zu lauter Musik ekstatisch zu tanzen. Oder zu joggen (10 km!). Denk dir etwas Geeignetes aus, aber tu *auf jeden Fall* etwas.

Und nun zu den Übungen:

> Zwei sitzen sich gegenüber, sie können sich an den Händen fassen. Einer ist A, der andere B. Nun beginnt A zu fragen: »Wodurch begrenzt du dich?« B antwortet. A geht nicht auf die Antwort ein und fragt wieder: »Wodurch begrenzt du dich?« B antwortet. A stellt die gleiche Frage. B antwortet wieder. Das ganze 10–15 Minuten lang, dann werden die Rollen vertauscht.

Es ist wichtig, daß die Antworten auf diese Frage spontan und aus dem Bauch heraus kommen. Versucht nicht, beeindruckende intellektuelle Begründungen zu geben. Die Antworten müssen auch nicht »logisch« sein. Sie *haben* ihre Logik, darauf kannst du dich verlassen.

Eine ähnliche Übung:

> Zwei sitzen sich gegenüber, sie können sich an den Händen fassen. A beginnt, sein Leben zu erzählen. B unterbricht ihn, wann immer es geht, mit der Frage: »Warum?« A muß darauf antworten, auch wenn es scheinbar keine Antwort gibt. Das Ganze 15 Minuten lang, dann werden die Rollen getauscht.

Diese Übung führt dich zu der Erkenntnis, daß *du* der Verursacher deiner Erfahrungen bist und niemand sonst. Bei der folgenden Übung sollten mehr als 10 Personen in der Gruppe sein und ein Therapeut. Sie klingt sehr harmlos, aber sie kann viel aufbrechen.

> Ihr sitzt euch zu zweit gegenüber, und jeder schaut dem anderen unverwandt ins linke Auge (Brillen bitte abnehmen). Es darf dabei nicht geblinzelt werden, auch wenn die Augen tränen – was sie nach einiger Zeit unweigerlich tun – und die Nase läuft. Kein Taschentuch zu Hilfe nehmen! Der Therapeut bestimmt das Ende der Übung.

Die Wirkung ist enorm, weil mit den Tränen Emotionen hochkommen, die man tief in sich vergraben hat. Durch das Freisetzen dieser Gefühle kommt ein innerer Reinigungsprozeß in Gang. Gefühle, die man nicht ausdrückt, vergißt man nie! Deshalb ist es so wichtig, gerade negative, schmerzliche Gefühle herauszulassen, um endlich von ihnen befreit zu werden.

Bei der nächsten Übung solltest du schon etwas Erfahrung mit Gruppenarbeit haben, und alle müssen innerhalb von zehn Sekunden in Trance gehen können. (Das ist ganz und gar nicht unmöglich, komm zu uns, wir bringen es dir bei!)

> Ihr setzt euch auf den Boden, ganz eng zusammen, umschlingt euch mit den Armen. Geht nun in Trance und beginnt, gemeinsam zu atmen, anfangs ein wenig hyperventilie-

ren, also in einem schnelleren Rhythmus atmen. Ihr könnt auch einen gemeinsamen Summton finden. Nach fünf bis zehn Minuten beginnt irgendeiner der Gruppe mit einem bestimmten Thema – aus dem Bauch heraus. Bei diesem Thema bleibt ihr dann für die ganze Übung. Nehmen wir an, einer sagt: »Ich sehne mich nach Gesundheit.« Nach zwei Sekunden oder einer Minute, wie es gerade kommt, fügt jemand eine ganz spontane Aussage zum Thema Gesundheit hinzu. Zum Beispiel: »Gesundheit ist Lachen-Können.« Dann ein anderer, dann der nächste, dann ruhig alle durcheinander. Während der ganzen Übung habt ihr die Augen geschlossen.

Es kommt hier darauf an, daß alle Aussagen ganz spontan und aus dem Bauch heraus gemacht werden. Es geht nicht darum, Lexikon-Definitionen zu finden oder durch Klugheit zu beeindrucken. Du sollst nur den Begriff mit Inhalt füllen, ihm konkrete Bedeutung geben, ihn bildhaft und erfahrbar machen. Andere Begriffe, die ihr euch nach und nach vornehmen könnt, sind: Glück, Liebe, Harmonie, Intuition, Geist oder Geld. Jeder einzelne von euch wird gestärkt aus dieser Übung hervorgehen.

Und nun eine Vertrauensübung:

> Bildet einen oder mehrere Kreise, je nachdem, wie viele ihr seid, mit sieben oder acht Personen. Einer stellt sich in die Mitte und schließt die Augen. Er steht ganz gerade, die Füße nebeneinander, die Knie durchgedrückt, die Arme seitlich an den Körper gelegt. Nun beginnt diese Person in der Mitte, sich fallen zu lassen, genau in der Position, in der sie stand. Also mit durchgedrückten Knien, nebeneinander gestellten Füßen, an der Seite liegenden Armen und *ohne* in den Hüften abzuknicken. Die anderen im Kreis fangen den Fallenden auf und stellen ihn behutsam wieder in die Mitte. Es wird so lange gewechselt, bis jeder einmal in der Mitte stand.

Wenn du diese Übung zum erstenmal machst, ist dir ein bißchen unheimlich, wenn du fällst. Indem du aber deinem Reflex, ein Bein vorzusetzen, in den Hüften abzuknicken oder die Arme auszustrecken *nicht* nachgibst, wirst du ein wunderbares Gefühl von Geborgenheit erleben.

Und hier noch zwei Übungen zur Selbsterkenntnis:

> Zwei, die sich schon kennen, sitzen sich gegenüber. A fragt B: »Was glaubst du, denke ich von dir?« B antwortet darauf. A geht nicht auf die Antwort ein und stellt immer wieder die gleiche Frage. 10 Minuten lang. Danach werden die Rollen getauscht.

Bitte diskutiert *nicht* darüber, ob der andere recht oder unrecht hat mit dem, was er gesagt hat. Denke still für dich darüber nach, *warum* der andere zu vielleicht so grotesken Ansichten gekommen ist.

Und nun die Übung »Verzeih dir und allen alles«:

> Zwei Personen sitzen sich gegenüber. A fragt B: »Was kannst du dir in deinem Leben nicht verzeihen?« B antwortet. A fragt so lange, bis B nichts mehr einfällt. Dann fragt A: »Was kannst du anderen nicht verzeihen?« B antwortet. A fragt so lange, bis B nichts mehr einfällt. Dann werden die Rollen getauscht. Zum Schluß stellt ihr euch vor, daß euer Gegenüber all die Personen in sich vereinigt, denen ihr etwas nicht verzeihen könnt. Und jetzt verzeihst du deinem Gegenüber stellvertretend für alle Personen, die dir etwas angetan haben.

Mißbrauche diese Übungen nicht als Partyspiele. Sie haben nur dann eine therapeutische Wirkung, wenn du sie als ernsthafte Gruppenarbeit – möglichst unter Anleitung eines Therapeuten – verstehst. Dann wird der Nutzen, den du aus ihnen ziehst, außerordentlich groß sein.

Partnerspiele für zu Hause

Hier nun einige Übungen, die du mit einem Partner auch zu Hause machen kannst.

Diese Übung wird deine Sensitivität erhöhen:

> Legt euch für die Dauer eines Gesprächs Augenbinden an. Stellt fest, daß ihr plötzlich ein Gespür für Nuancen und falsche Töne habt, für das, was »dahinter« ist.

Die Augen zu schließen und nur zu hören, was jemand sagt, ist eine gute Methode, ganz neue Informationen über Menschen zu bekommen. Deine Augen werden viel zu oft durch das Aussehen eines anderen getäuscht, nur weil er gerade deinem Bild von Attraktivität entspricht oder eben nicht entspricht.

Die folgende Übung schärft die Sinne und die Wahrnehmung der Umwelt:

> Einer verbindet sich die Augen und tut so, als ob er blind wäre. Der andere erklärt ihm nun die Umgebung. Er schildert Farben und Formen in allen Einzelheiten. Er beantwortet die Fragen des »Blinden« ganz genau.

Hier eine Übung, die dich bewußter macht für das, was *ist:*

> Macht einen Spaziergang miteinander und sagt immer abwechselnd: »Ich bin mir bewußt, daß...« Also zum Beispiel: »Ich bin mir bewußt, daß Wolken am Himmel stehen. Ich bin mir bewußt, daß ich Bauchschmerzen habe. Ich bin mir bewußt, daß ich mich mit dir sehr wohl fühle...«

Und hier noch eine höchst wirkungsvolle Übung, wenn ihr miteinander Streit habt und jedes Gespräch nur in Aggression, Türenknallen oder eisigem Schweigen endet.

> Setzt euch auf den Fußboden, Rücken an Rücken. A beginnt zu sprechen, er redet sich alles von der Seele, was er sagen

möchte, so lange er will. B muß schweigen, er darf *kein einziges Wort* sagen und auch keine Reaktion – etwa verächtliches Schnauben oder Ähnliches – zeigen. Die Sitzung ist zu Ende, wenn A es möchte (50–60 Minuten). Auch danach findet *keine* Diskussion statt! Am nächsten Tag werden die Rollen vertauscht, am folgenden wieder, und so weiter.

Nach drei, vier Tagen wirst du feststellen, daß du eigentlich das gleiche wie dein Partner willst und nur immer an ihm vorbeigeredet hast.

Übungen mit Kindern

Hier ein Spiel, das einem Kind große Freude macht:

> Setzt gemeinsam einen Zeitraum fest von einem Tag, einer Stunde, einer Woche, was immer ihr wollt. In diesem Zeitraum darf das Kind bestimmen, was gemacht wird.

Du kannst viel aus den »Befehlen« deines Kindes über dich und dein Verhalten ihm gegenüber lernen!

Mit der nächsten Übung bringst du dein Kind zum Sprechen, wenn es mit seinen Problemen nicht recht rausrücken will:

> Denk dir den Anfang einer Geschichte aus. Ein Märchen vielleicht. Jeder von euch fügt immer abwechselnd der Geschichte einen neuen Satz hinzu, an den der andere dann anknüpfen muß. Bis die Geschichte ganz von selbst zu Ende ist.

Du wirst erstaunt sein, welche Dramatik die Handlung erreicht. Da eure Einfälle natürlich aus dem Unterbewußtsein hochsteigen, kannst du sehr gut akute Probleme darin erkennen.

Nun noch eine Übung, die vor allem für kleinere Kinder geeignet ist:

Sag deinem Kind, es soll seine Familie malen. Aber alle Familienmitglieder (es selbst eingeschlossen) müssen als Tiere dargestellt werden.

Dies ist ein bewährter Test aus der Kinderpsychologie. Denn je nachdem, ob der Vater zum Beispiel als Hase und die Mutter als Elefant dargestellt ist (oder umgekehrt), kannst du aus diesem Bild herauslesen, wie das Kind die Familiendynamik empfindet.

Positives Denken im Alltag

Wann hast du dich zum letzten Mal *selbst* so richtig verwöhnt? Sag nicht: »Das geht doch nicht.« Oder womöglich: »Ich habe Wichtigeres zu tun.« Wir alle sind Sinnenmenschen, wir lieben es, schöne Dinge zu sehen, zu hören, zu fühlen, zu riechen, zu schmecken. Wer sich zur »Vergeistigung« zwingt, unterdrückt wesentliche Teile seiner Persönlichkeit. Geh nicht an deiner Sinnlichkeit vorbei, geh durch sie hindurch. Gerade wenn du die materielle Welt überschreiten willst. *Überschritten, transzendiert werden kann nämlich nur das Erfahrene, nicht das Verdrängte.*

Lerne, das Leben zu genießen. Ein anderer kann dir vielleicht Genüsse schenken, aber nicht Genußfähigkeit. Wenn du dich selbst, ganz für dich allein, verwöhnst, entwickelst du diese Genußfähigkeit. Und dann bist du auch für das Verwöhn*werden* erst richtig aufgeschlossen.

Schwelge doch mal in Phantasien darüber, was dir guttun würde. Es ist vollkommen egal, was »die anderen« davon halten. Du tust es ja für dich, nicht für die anderen. Brich aus deinen routinemäßigen Vergnügungen aus, laß dir mal etwas Lustiges einfallen. In diesem Sinne geben wir dir ein paar kleine Anregungen:

Tip 1: Nimm ein Bad mit einem ausgesuchten Badezusatz. Ergeh dich in kennerischer Bewunderung für deinen Körper. Leg besonderes Augenmerk auf die Körperteile, die auch von anderen immer wieder gelobt wurden.

Tip 2: Gerade wenn du sehr vernünftig mit Süßigkeiten umgehst: Such dir aus dem Kochbuch ein Dessert aus, bei dem dir das Wasser im Munde zusammenläuft, und bereite eine Riesenportion ganz für dich allein zu.

Tip 3: Lümmle dich mitten am Vormittag auf die Bank vor deinem Lieblingsbild im Museum hin.

Tip 4: Geh am Nachmittag in den Film, der dein besonderes Interesse geweckt hat, weil alle gesagt haben, daß er unter deinem geistigen Niveau ist.

Tip 5: Kauf dir die schönste überflüssige Kleinigkeit, die dir gerade einfällt (das Buch, das du nicht für deine berufliche Fortbildung brauchst, den Lippenstift, der zum Halsband deines Hundes paßt, den Blumenstrauß in deiner Lieblingsfarbe, die Fahrkarte 1. Klasse).

Tip 6: Laß dir eine (Rücken-)Massage geben, falls du das bisher für Verweichlichung hieltest.

Tip 7: Stell deine Lieblingsmusik für fünf Minuten so laut, daß die Wände wackeln (es muß ja nicht gerade um Mitternacht sein).

Tip 8: Halte gänzlich ungeniert einen Mittagsschlaf, wenn du eigentlich gar keine Zeit dazu hast.

Tip 9: Hol dir dein Lieblingsessen aus dem Restaurant. Speise mit großem Genuß allein und beglückwünsche dich, daß du dich in so ausgezeichneter Gesellschaft befindest.

Tip 10: Bereite dir ein exquisites Getränk zu, lehne dich zurück und ruf dir alle Komplimente ins Gedächtnis, die dir je gemacht wurden (über dein spitzbübisches Lächeln, deine Grazie beim Pfannkuchenwenden, deine lässige Art im Umgang mit dem Finanzamt...).

Die Kunst, Komplimente zu machen

Komplimente zu machen ist eine wirkungsvolle Methode, Positives Denken »unter die Leute« zu bringen. Damit ist natürlich nicht jenes mechanische »Gut siehst du heute wieder aus« gemeint oder gar falsche Schmeicheleien. Es ist schon erstaunlich, daß es uns manchmal leichter fällt, einem anderen etwas Kritisches zu sagen, als ihn zu loben. Achte einmal darauf, ob du öfters etwas Positives *denkst,* aber etwas Negatives *sagst.* Vielleicht *denkst* du gerade, daß dein Mann wirklich ein gutaussehender Kerl ist, aber du *sagst:* »Warum hast du denn die Mülltüte schon wieder nicht mit hinuntergenommen!« Vielleicht *denkst* du gerade, daß deine Frau eine ausgezeichnete Köchin ist, aber du *sagst*: »Warum gibt es heute Zitronencreme und keine Organgencreme zum Nachtisch?« Wir halten tatsächlich gute Meinungen über andere zurück, aus Angst, daraus könnte Hochmut entstehen oder es würde irgendwie ausgenutzt. Knurrig und barsch zu sein wird besonders von manchen Männern als Stärke angesehen.

Chefs meinen oft, daß ihre eigene Bedeutung sinke, wenn sie die Vorteile ihrer Mitarbeiter zu groß herausstreichen. Dabei ist genau das Gegenteil der Fall. Nahezu alle Angestellten, die unzufrieden mit ihren Vorgesetzten sind, vermissen Lob und Anerkennung ihrer Arbeit. Sie schätzen ihren Chef gerade dann, wenn er auch andere neben sich hochkommen läßt. Also, falls du selber ein Chef bist: Nimm dir immer wieder vor, die Leistungen deiner Mitarbeiter offen anzuerkennen. Das hat gleich zwei sichere Vorteile: Die Mitarbeiter werden motiviert, und dadurch leisten sie mehr – und sie halten dich für einen tollen Chef! Solltest du kein Chef sein, dann ist es noch wichtiger, dir diese Eigenschaft anzueignen – damit du bald einer wirst.

Komplimente zu machen, die andere aufblühen lassen, ist eine Kunst. In einem gelungenen Kompliment steckt viel Einfühlsamkeit. Die meisten Menschen halten sich in einigen Teilen ihrer Persönlichkeit für stark, in anderen für schwach. Manchmal kann man ihnen das nahezu auf den ersten Blick ansehen. Ein sehr hübsches Mädchen hat zum Beispiel oft Angst, daß man es für dumm halten könnte. Wenn du jetzt der Hundertste bist, der ihr sagt, wie hübsch sie ist, nimmt sie dieses Kompliment vielleicht nur mit einem gequälten Lächeln auf. Wenn du ihr aber sagst, daß dir ihr politisches Urteil oder ihr literarischer Geschmack wichtig ist, machst du ihr damit tatsächlich eine Freude. Ebenso lieben es viele Männer, für die anspruchsloseste Hausarbeit über den grünen Klee gelobt zu werden, und intelligente Frauen hören gern etwas über ihr gutes Aussehen.

Wiederhole nicht gedankenlos Selbstverständlichkeiten, wenn du Komplimente machst. Versuche den Teil einer Persönlichkeit durch Anerkennung zu stärken, der ein bißchen Pflege braucht. Bei Kindern kannst du so auf eine ganz sanfte Art große erzieherische Wirkungen erzielen. Wenn du dein unordentliches Kind für das einzige Mal, wo es sein Spielzeug weggeräumt hat, lobst, ist die Wahrscheinlichkeit, daß sich dieser bemerkenswerte Vorfall wiederholt, mit Sicherheit größer.

Sieh in anderen Menschen nicht nur, was sie sind, sondern auch, was sie sein möchten. Hilf ihnen durch deine Bestätigung, auf diesem Weg voranzugehen. Zweifel an sich hat jeder schon selbst genug, es ist nicht deine Aufgabe, sie zu bestärken. Einen anderen in dem zu unterstützen, was er sich von Herzen wünscht, das ist das Schönste, was ein Mensch für einen anderen tun kann.

Schreib's auf

Es gibt eine einfache Methode, die Wichtigkeit von Aussagen zu betonen: Man schreibt sie auf. Leg dir verschiedene Listen an, die du immer wieder durchliest, verbesserst, ergänzt. Hier ein paar Beispiele:

Liste 1: Schreib alle positiven Eigenschaften auf, die du an dir entdecken kannst. Sei nicht zu selbstkritisch dabei. Gerade Eigenschaften, die erst im Ansatz vorhanden sind, können durch Bejahungen gestärkt werden.
Liste 2: Notiere alle Situationen und Begebenheiten, in denen du dich besonders gut und erfolgreich fühlst. Denk an alle Lebensbereiche, nicht nur an deinen Beruf. Ergänze diese Liste laufend.

Liste 3: Überlege dir, wie du mit deinen ganz persönlichen Fähigkeiten und Talenten bestimmten Menschen eine Freude machen kannst und wie dein ganz persönlicher Beitrag zur Erhaltung des Friedens in dieser Welt aussehen kann.

Leg auch Listen über Suggestionen an, die dir beim Lesen verschiedener Bücher besonders gefallen haben. Vor allem aber schreib deine Wünsche und Pläne auf, und zwar so, als *wären sie schon erfüllt*. Also zum Beispiel: »Ich bin Abteilungsleiter in meiner Firma.« Oder: »Ich besitze ein Haus am Meer.«

Ist das ein schöner Tag!

Gib jedem Tag ein Wort, ein Thema, das du in deinem ganz normalen Alltag mit Inhalt füllen willst. Das bedeutet nicht, daß du über dieses Thema nachdenken oder etwas lesen sollst. Mach es ausschließlich sinnlich und gefühlsmäßig erfahrbar. Vermeide es, nach den Gründen zu fragen, *warum* du bestimmte Empfindungen hast. *Habe sie einfach.*
 Hier ein Beispiel:
Harmonie
– Hör dir Musik an, die du liebst, die du aus dem Bauch heraus als harmonisch empfindest.
– Schau dir ein Bild (es kann auch in einem Bildband sein) an, das deinem Sinn für Harmonie anspricht. Betrachte es lange und genau, laß seine Form und seine Farben auf dich einwirken.
– Schau bewußt hin auf dem Markt, wie die Gemüsefrauen ihr Obst und Gemüse aufgebaut haben.
– Triff dich mit einem Menschen, den du als harmonisch empfindest, und führe ein Gespräch mit ihm (aber nicht über den Begriff Harmonie!). Laß seine angenehme Gegenwart bewußt auf dich wirken.
– Betrachte ganz bewußt eine Landschaft in ihrer Ganzheit.
– Schau dir ganz genau an, wie eine einzelne Blume aussieht.
– Spüre in deinen Körper hinein, sei dir des harmonischen Zusammenwirkens deiner Organe bewußt.

- Male ein Bild, das für dich Harmonie ausdrückt. Vielleicht ist es nur ein Kreis, es kommt nicht auf Kunstfertigkeit an.
- Blicke dich in deiner Wohnung um. Wo ist dein Sinn für Harmonie gestört, kannst du es ändern?
- Überlege, zu welchen Menschen du im Augenblick disharmonische Beziehungen hast. Entscheide dich für mindestens einen, bei dem du heute einen Schritt zur Harmonisierung unternehmen willst.
- Sauge einen Duft in dich ein, den du besonders magst (Parfüm, Blumen, Essen, den Geruch deines Partners).
- Stell dir ein Gericht zusammen – oder laß es dir zusammenstellen –, das du geschmacklich als harmonisch abgerundet empfindest.
- Umarme und streichle ganz bewußt einen Menschen, den du magst.

Vielleicht findest du Harmonie auch in der perfekten Konstrukion einer Maschine, in einer bestimmten sportlichen Tätigkeit – deiner Phantasie und deiner Sinnlichkeit sind keine Grenzen gesetzt. Es ist nicht wichtig, was »man« unter diesem Begriff versteht, sondern wie du ihn empfindest.

Andere Themen des Tages könnten sein: Glück, Gesundheit, Frieden, Schönheit, Liebe, Erfolg, Reichtum, Wahrheit – was immer du willst.

Lachen ist gesund

»Lachen ist die beste Medizin«, das ist nicht nur eine Redensart. Ein amerikanischer Star-Publizist bewies, daß man das ganz wörtlich nehmen kann: Norman Cousins litt an einer unheilbaren Krankheit, bei der sich das Bindegewebe im Rückgrat nach und nach auflöst. Die Ärzte gaben ihm keine Chance mehr, doch Cousins fand sich mit dieser Diagnose ganz und gar nicht ab. Er hatte gelesen, daß negative Gefühle im Körper negative chemische Veränderungen hervorrufen. Muß es dann, so überlegte er weiter, nicht möglich sein, mit positiven Gefühlen positive chemische Veränderungen zu bewirken? Und welches Gefühl ist positiver als das Lachen? Er verordnete sich eine Lachtherapie. Mit komischen Filmen brachte er sich gezielt zu zwerchfellerschütterndem Lachen – der Erfolg war verblüffend. Das Lachen hatte die Wirkung von Schmerztabletten: Zehn Minuten Gelächter schenkten Cousins zweieinhalb Stunden Schmerzfreiheit. Der unheilbare Kranke wurde wieder gesund, und die Schulmedizin stand mal wieder vor einem Rätsel.

Inzwischen haben amerikanische Universitäten den Gesundmacher Lachen genauer untersucht. Lachen, so fanden sie heraus, erhöht die Atmungskapazität und den Sauerstoffaustausch im Blut, die Muskelaktivität und die Herztätigkeit. Es stimuliert das sympathische Nervensystem und fördert die Produktion eines Enzyms, das den Schmerz vermindert. Kurz und einfach gesagt: Lachen gleicht einer sportlichen Tätigkeit und ist für unsere Gesundheit außerordentlich wichtig. Eine humorvolle Einstellung zum Leben ist die beste Vorbeugung gegen Herzkrankheiten, Krebs und Depressionen.

Nimm das Leben also nicht so tierisch ernst, wenn du gesund bleiben willst. Lach mal wieder, vor allem über dich selber!

Kapitel 2:
Bring Ordnung in dein Leben!

»Ihr müßt mehr Methode in euer Leben bringen. Gott selbst erschuf die Ordnung. Die Sonne scheint bis zum Abend und die Sterne funkeln bis zum Morgen.« (Yogananda)

Das Wort »Kosmos« bedeutet Ordnung und sagt uns, daß im Universum jemand ist, der Ordnung geschaffen hat. Was auf den Makrokosmos zutrifft, gilt gleichermaßen auch für den Mikrokosmos. Grundsätzlich herrscht auch hier vollkommene Harmonie, es sei denn, du selbst hast disharmonische Kräfte auf dich einwirken lassen, ihnen die Macht verliehen, Einfluß auf dich auszuüben. Du hast, weil du es nicht besser wußtest, aus destruktiven Gedanken und Gefühlen Verhaltensweisen entstehen lassen, die sich zu der heute als Realität empfundenen Situation entwickelt haben. Das alles kann genauso weitergehen, sich aber auch in jede andere von dir gewünschte Richtung verändern. *Wenn du ein »kosmisches Bewußtsein« haben willst, mußt du dich in die kosmischen Gesetze einordnen.* Die Tatsache, daß du dies hier liest, drückt klar deinen Wunsch nach einer Weiterentwicklung im Sinne der Evolution aus...

Alles, was dazu notwendig ist, besitzt du bereits, es muß überhaupt nicht Neues hinzukommen. Alles, was du brauchst, hast du seit deiner Geburt, nämlich die Fähigkeit, schöpferisch tätig zu sein, die Befähigung zum Imaginieren. Denn das, was jetzt in diesem Augenblick in deinem Leben ist, ist ja genauso das Ergebnis der von dir benutzten Möglichkeit, etwas zu erschaffen. Alles, was bis jetzt in deinem Leben geschehen ist, hast du gewissermaßen angezogen. Die Realität um dich herum wurde aus deiner Einstellung zu den Dingen, zum Leben, zu allem, was ist, geschaffen. Deine Grundeinstellung wurde dir mit der Erziehung vermittelt, aus dieser Konditionierung entwickelten sich gleichermaßen Vorlieben und Abneigungen. Beide, Vorlieben und Abneigungen, nehmen Raum im geistigen Gebäude ein und werden fortan jede für sich versuchen, das ihrem Inhalt Entsprechende anzuziehen. Du weißt bereits, daß die Evolution sozusagen eine Einbahnstraße ist, daß die Schöpfung keinesfalls abgeschlossen ist, sondern wie eh und je im Prozeß des ständigen Werdens, des ständigen Kommens und Gehens begriffen ist. Es ist deshalb nicht möglich, etwas *nicht* Wünschenswertes durch Gedanken aufzulösen. Die Richtung der Gedanken in uns wird bestimmt durch unsere Einstellung zu uns, zum anderen, zum Leben.

Wer also Vorlieben und Abneigungen hat – und wer hat die nicht –, kann sich jetzt in diesem Augenblick bewußt werden, daß er die in seinem Gedankengebäude vorhandenen Inhalte ins Leben ruft. Je wichtiger ein Gedanke ist, desto bevorzugter wird er realisiert, egal, ob du ihn mit einem Plus- oder mit einem Minuszeichen versehen hast.

Sehr viele Menschen – ob du dazu gehörst, entscheide bitte jetzt – beschäftigen sich intensiv mit allem möglichen, von dem sie *nicht* wollen, daß es ist. Schalte den Fernseher ein, er spiegelt sehr gut die Meinung eines Volkes wider, dort werden 80 Prozent der Aufmerksamkeit auf nicht Wünschenswertes gerichtet. Ähnlich verhält es sich auch mit dir. Deshalb, nur deshalb fordern wir dich immer wieder und in diesem Buch *bewußt wiederholt* dazu auf, dich ausschließlich mit dem zu beschäftigen, von dem du willst, daß es ist!

Fast regelmäßig entsteht hier ein Mißverständnis. Positives Denken heißt Konstruktives Denken und will keinesfalls Negatives verdrängen, es sozusagen aus Angst verdrängen. Nur der oberflächliche Denker glaubt an Vogel-Strauß-Politik. Negatives verdrängen zu wollen, führt unweigerlich dazu, daß es aus dieser Verdrängung, aus der Verbannung, aus dem Unbewußten heraus Herrschaft über unsere Verhaltensmuster gewinnen wird. Das ist niemals Ziel und Zweck einer Lebenshilfe, die versucht, ursächlich vorzugehen.

Dieses Kapitel will dir helfen, ein Zeitprogramm aufzustellen, mit dem du in der Lage bist, in die Hierarchie innerhalb deines Gedankengebäudes ordnend einzugreifen. Um die vorhandenen Machtverhältnisse in deinem Unterbewußtsein zu ändern, bedarf es eines einfachen Konzeptes, einiger Beharrlichkeit und des Wissens, das Recht und die Möglichkeit zu haben, ein deinen Vorstellungen entsprechendes Leben zu führen.

Noch ein paar Anmerkungen zum Faktor »Zeit«.

Du erreichst in keinem Lebensbereich viel, wenn du nicht einen Sinn für Rhythmus, Zyklus, für die Wiederholung von Tätigkeiten entwickelst. Lernst du etwa Klavierspielen, wenn du mal drei Monate, mal ein Jahr, mal fünf Jahre mit dem Üben Pause machst? Oder schau einmal einer wirklich guten Hausfrau zu. Sie hat den Ablauf ihrer Tätigkeiten in eine bestimmte Ordnung gebracht, um möglichst schnell und effektiv zu sein.

Ordnung muß sich aus einem inneren Gefühl für das Wesen der Dinge ergeben, dann schwingst du mit, dann bist du »synchron«. Vor dreihundert Jahren fiel einem holländischen Wissenschaftler auf, daß zwei Pendeluhren, die man nebeneinander an die Wand hängt, in genau demselben Rhythmus schlagen. Sie behalten ihren gleichen Pendelschlag bei, weit über das Maß hinaus, mit dem sich zwei Uhren mechanisch einander angleichen lassen. Es ist tatsächlich so, als »wollten« sie im gleichen Rhythmus schlagen. Weitere Untersuchungen ergaben, daß dieser Wille zum gleichen Rhythmus universell ist. Natürlich ist er auch bei Lebewesen zu finden. Die Natur hat das Bestreben nach Harmonie, weil sie nach dem besten Energiezustand sucht, und der Gleichklang des Schwingens verbraucht weniger Energie als die Disharmonie. Harmonie ist also der perfekte Zustand allen Seins. Wir sind mit jedem Atom in diese göttliche Harmonie eingebunden. Je mehr wir uns von dieser Harmonie mittragen lassen, je weniger Widerstand wir ihr entgegensetzen, desto glücklicher sind wir. Man kann auch umgekehrt sagen: *Jedes, tatsächlich jedes Problem, das du hast, sei es Krankheit, Geldmangel, Erfolglosigkeit, Einsamkeit oder was auch immer, ist das Ergebnis eines Mangels an Harmonie.*

Ordnung ist eine Heilkraft. Seelisch kranke Menschen sind meist nicht in der Lage, ihr Leben in Ordnung zu halten. Sie ertrinken im Chaos, ihre Wohnung ist chaotisch, ihre Beziehungen sind chaotisch, sie sind ohne innere und äußere Ausrichtung. Du hast dir dieses Buch gekauft, weil du dein Leben harmonischer gestalten willst. Wir wollen dir dabei mit unseren Erfahrungen und Übungen und Suggestionen helfen. Es ist einleuchtend, daß es wenig nützt, wenn du eine Übung zwei-, dreimal machst und dann nie wieder, wenn du alle drei oder vier Wochen einige Suggestionen herunterratterst. *Jede Schwingung neigt dazu, sich durch Wiederholung zu verstärken.* So entstehen bestimmte Muster. Wenn du ein Trinker, Raucher, ein Streßgeplagter oder ein Dicker bist, haben sich Verhaltensmuster bei dir eingeschliffen. Es ist zunächst schwierig, diese Muster aufzulösen, weil sie ja durch ständige Wiederholung bestimmter Schwingungen erst so stark geworden sind. Aber es ist möglich. Die Gegen-Schwingung ist zunächst schwach gegenüber dem gewohnten Muster, doch je mehr diese Schwingung wiederholt wird, desto stärker wird sie. Und mit der Zeit kommt der Umschlag: Das neue Muster ist stärker als das alte. Aus dem Tropfen auf den heißen Stein wird der Tropfen, der den Stein höhlt, wenn man ihn nur genügend oft fallen läßt!

Noch ein paar Hinweise für den Gebrauch der Bausteine für deine Zeitprogramme:

1. Sie sind keine Vorschriften, die du sklavisch befolgen sollst. Sie sind nur Hilfen, um deine eigene Ordnung, deinen eigenen Rhythmus zu entwickeln.
2. Geißele dich nicht, wenn du mal einen faulen Tag hast. Deine negativen Gedanken sind viel schädlicher als die Unterlassung selbst. Es gibt Leute, die mit verbissener Miene jeden Tag ihr Müsli essen, eisern joggen, meditieren oder Yoga machen und scharfe Reden gegen jeden führen, der den Grad ihrer eigenen Vollkommenheit noch nicht erreicht hat. Wenn du nachsichtig, gütig und liebevoll zu dir und anderen bist, tust du tausendmal mehr für dich, als diese spirituellen Fanatiker für sich tun.
3. Es ist hilfreich, bestimmte Übungen, für die du dich entschieden hast, immer etwa zur gleichen Zeit zu machen. Das hat wieder mit Rhythmus zu tun, außerdem sind sie dann in deinen Tag eingeplant und du vergißt sie nicht so leicht.
4. Sag nicht, du hast keine Zeit. Die Arbeit an sich selbst ist die bestbezahlte Arbeit der Welt. Stell dir vor, was du alles an Arztbesuchen, Anwaltshonoraren, seelischer Energie sparst, wenn du diese Arbeit tust. Oft geht es nicht einmal darum, zusätzlich Zeit zu erübrigen, sondern bestimmte Zeitspannen besser zu nutzen. Die Zeiten nach dem Aufwachen und vor dem Einschlafen lassen sich zum Beispiel wunderbar für Suggestionen verwenden statt für selbstquälerische Gedanken. Hast du dich einmal darauf eingestellt, so schaltet dein Gehirn fast automatisch auf die Suggestionen, sobald du flachliegst!

5. Tanke deine seelischen Energien von Zeit zu Zeit außerhalb deiner vier Wände wieder auf. Die Seminare, die wir durchführen, pumpen in nur wenigen Tagen Energie für ein halbes Jahr in dich hinein.

Was du mindestens jeden Tag tun solltest

Du solltest täglich vor dem Aufstehen fünf Minuten lang geistig den Weg vorbereiten für das, was du dir vom Tage erhoffst. Schicke liebevolle Gedanken in den Tag, um ihn zu erleuchten. Dr. Murphy sagt dazu: »Lassen Sie Gottes Liebe das Licht sein, das Ihrem Weg leuchtet.« Du kannst durchaus, wenn du dir die Mühe machen willst, einzelne Situationen, von denen du weißt, daß sie heute kommen werden, mit positiven (erfolgversprechenden) Gedanken unterstützen. Einfacher jedoch und weniger egoistisch ist es, in sich ein tiefes Gefühl von Freude, Liebe, Genugtuung, auf den heutigen Tag bezogen, entstehen zu lassen oder, besser ausgedrückt, durch sich hindurchfließen zu lassen. Stell dir vor, *fühle es,* daß heute ein glücklicher Tag ist. Der Tag des Herrn. Daß alles Glück der Welt für dich da ist, dir zu helfen. Ganz besonders zu helfen, wenn dein Vorhaben im Interesse vieler ist. Je mehr dein Tun darauf gerichtet ist, zu helfen und andere an deinem Erfolg teilhaben zu lassen, um so mehr werden alle positiven Kräfte des Universums dir zur Seite stehen.

Das Gute, oder, neutraler ausgedrückt, das von der Evolution Gewollte, hilft dir helfen. Sei davon überzeugt, daß deine Existenz, all dein Tun, zum Wohle aller wirkt. Überzeuge dich davon, daß deine Arbeit konstruktiver Natur ist. Daß niemandem geschadet wird. Laß dieses Wissen um deine Rechtschaffenheit ganz tief dein Bewußtsein erfüllen. Sieh vor deinem geistigen Auge, wie sich andere über das Resultat deiner Arbeit freuen. Freue dich darüber, daß sich andere über dich freuen.

Das ist das allermindeste, was du täglich, vor dem Aufstehen, tun solltest. Wenn du fleißiger bist, geh noch ein-, zweimal im Laufe des Tages in den Höhepunkt des Gefühls, das du vor dem Aufstehen hattest, hinein. Das braucht nur zwei bis drei Minuten lang zu sein, dafür aber intensiv! Fühl dich ganz und gar in das Glück hinein, von dem du möchtest, daß es ist. *Glauben sollst du an das, was noch nicht ist, damit es werde.*

Weiterhin kannst du ganz bewußt einzelnen Menschen, denen du begegnest, mit innerer Freundlichkeit entgegentreten. Wenn du vor einer Situation am heutigen Tag Angst hast, stell dir den betreffenden Augenblick vor, wie er aufgehellt ist, heute (zum ersten Mal) positiv verläuft. Falls dieser unangenehme Augenblick am Nachmittag stattfindet, lächle ihn doch einfach mal aus der Distanz von einigen Stunden an. Wenn die gefürchtete Situation, sagen wir, um 15 Uhr stattfinden soll, dann geht es doch wirklich zu weit, die Angst vor dem Ereignis schon den Vormittag überschatten zu lassen. Schicke Licht zu der betreffenden Stunde, lächle sie an, bejahe die kommenden Ereignisse. Sag dir: Ich habe diese Situation angezogen, weil sie mir ein guter Lehrer sein wird. Nötig war sie, sonst wäre sie nicht da, nichts ist einfach nur so da, zufällig.

Beginne dich zu freuen über den Tag und die Geschichte, die er für dich bereithält.

Wenn du noch fleißiger bist, kannst du Gespräche mit imaginären Personen führen. Sag allen, denen du heute begegnen wirst: Danke, daß es dich gibt, hilf, daß sich unsere Begegnung heute zu unserem Wohl und zum Wohle vieler entwickelt. Lächle aus dieser zeitlichen Distanz den (die) anderen an. Reiche möglichst vielen Menschen die Hände, stell dir vor, daß ihr euch strahlend gegenübersteht. Stell dir vor, wie du heute abend zurückblickend sagst und fühlst: Es war ein schöner Tag.

All das braucht nur jeweils zwei bis drei Minuten zu dauern.

Das Wichtigste bei dieser Arbeit an dir selbst ist die Wiederholung. *Tag für Tag gilt es, die neue Ordnung in deinem Unterbewußtsein zu schaffen.* Wer dieses einfache Programm regelmäßig praktiziert, schafft sich einen neuen Himmel (den geistigen Inhalt), und dadurch eine neue Erde (die Manifestation).

Hör jetzt auf zu lesen, und geh spazieren. Meditiere über das gerade Gelesene. Du wirst unsere guten Gedanken fühlen. Wir sind in diesem Augenblick, über Raum und Zeit hinweg, bei dir. Geh jetzt!

Die Hörerin einer Rundfunksendung schrieb: »Ich ging nach einer Ihrer Aufforderungen, spazierenzugehen, los – und hatte dabei das größte Erlebnis meines Lebens. Ich kehrte nach Hause zurück, wie verwandelt. Tiefe Ruhe und Harmonie erfüllten mich. Danke für diesen guten Rat.« Großartige Erlebnisse müssen nicht kompliziert sein und schon gar nicht viel Geld kosten. Alles in diesem Buch Beschriebene ist mehr oder weniger kostenlos. Sicher kannst du deinen Weg abkürzen und in Hypnosetherapie kommen. Aber eine unbedingte Notwendigkeit dazu besteht nicht.

Noch ein Wort zu der Aufforderung, einen meditativen Spaziergang zu machen. Wenn wir sagen: Wir sind über Raum und Zeit hinweg bei dir, dann ist das keine nette Redensart, sondern bewiesene Tatsache. Wir stehen alle miteinander in Beziehung, und alle, die sich dafür öffnen, können miteinander in Verbindung treten. Dabei wirkt weder räumliche Distanz noch zeitliche Differenz behindernd. Mach doch eine Probe aufs Exempel. Wann immer es dir paßt, meditiere eine Weile, zwischen fünf und dreißig Minuten. Öffne dich, geh in dieser Tiefenentspannung spazieren und suche uns oder – falls dir das lieber ist – auch nur einen von uns beiden im Geiste. Ungefähr so, als würdest du bei einem Radio einen bestimmten Sender suchen. Genau in dem Augenblick, in dem du nicht mehr willst, sondern einfach offen bist, geschieht es.

Was du an einem freien Wochenende tun kannst

Dein Leitgedanke für dieses Wochenende: Schau gründlich und ehrlich hin, welche Glaubenssätze und alten Programme dich daran hindern, endlich dich selbst und deine Wünsche zu verwirklichen.

Laß einmal alle anderen an diesem Wochenende in Ruhe und aus dem Spiel. Dieses Wochenende kann und soll nur für dich dasein, ungeteilt. Alles, was es zu bieten hat, kannst du auch allein genießen. Sorge dafür, daß keine profanen Angelegenheiten dich stören können. Such nach außen keinen Kontakt, diesmal möchtest du den Weg nach innen suchen, den inneren Freund, auch wenn du ihn manchmal den inneren Schweinehund genannt hast.

Beginnen wir am Freitag nachmittag mit einem langen Spaziergang, ein bis zwei Stunden sollten es schon sein. Allein natürlich, ohne Ablenkung. Es soll ein meditativer Spaziergang sein, ein verinnerlichter. Nimm deine Umwelt gar nicht besonders wahr, aber laß sie trotzdem auf dich einwirken. Achte auf Gedanken und Bilder, die in dir hochsteigen, sieh sie dir nur an, ohne zu urteilen. Nur eine einzige Aktivität ist gestattet: zu verzeihen. Wenn also Situationen hochkommen, die dich geärgert haben, verzeihe, wem auch immer, ohne zu richten. Verzeihende Liebe fragt nicht nach Schuldigen. Laß etwas von dem Frieden um dich herum in dich hinein. Ruf laut nach innen, daß du verzeihst, allen und allem, damit Platz entsteht für inneren Frieden. Denn Ärgernisse, Vorbehalte, Wut nehmen innerem Frieden den Platz weg. Beides kann nicht sein. Friede ist eine Funktion von Liebe. Entweder man liebt, verzeiht und eint, oder man fürchtet, trägt nach und trennt.

Wenn du von deinem Spaziergang zurück bist, mach es dir so gemütlich wie möglich. Iß dein Lieblingsessen, höre deine Lieblingsmusik, lies ein, zwei Gedichte, die dich ansprechen, tanze ein wenig. Setz dich dann auf deinen Lieblingsplatz, schließe die Augen und imaginiere. Laß alte Erinnerungen wieder hochkommen, Zwist, Gram, Frust. Lach (lächle) diese Situationen aus der Zeit an, die man die vergangene nennt. Bejahe die dortigen Ereignisse, verzeih allen damals Beteiligten, vor allem dir selbst. Und dann mach einen Schlußstrich. Sag liebevoll-autoritär zu dir selbst: So das wär's, das ist abgehakt, zur ewigen Ruhe gebettet. Ich habe mir und allen verziehen, und wenn dieses Verzeihen echt war, ist alles Negative aus diesen Erinnerungen ein für allemal aufgelöst. Ich werde ab sofort keine Gedanken mehr an diese Ereignisse verschwenden.

Versuch jetzt zu schlafen, in dem befriedigenden Gefühl, etwas Wichtiges erfolgreich abgeschlossen zu haben.

Am Sonnabend steh früh auf, um dazusein, wenn der neue Tag *dich* begrüßen will. Mach dir für heute ein Programm, das ganz auf Happiness ausgerichtet ist. Sport treiben, singen, tanzen, basteln, meditieren, schreiben, lesen. Tu das, was dir Freude macht. Laß dich nicht von anderen ablenken. Geh allein ins Kino, in die Sauna, kauf dir ein Kleid, einen Anzug. Bleibe den ganzen Tag in einem verinnerlichten Zustand. Laß es geschehen, daß du heiter, gelöst, beschwingt bist. Laß möglichst oft Bilder in dir entstehen, die du verwirklichen möchtest, übe dich im Glauben daran, daß Glück und Erfolg lernbar sind und daß du in diesem Studienfach ein außerordentlicher Erfolg bist! Freue dich darüber, daß du das weißt: Daß du ein außerordentlicher Erfolg bist, daß du ein außerordentlicher Erfolg bist, daß du... Lächle möglichst viele, die dir begegnen, an. *Siehst du jemanden ohne Lächeln, leih ihm eins von dir.* Du bekommst es sicher zurück. Laß den Abend mit schöner Musik, einem Film, der dir Spaß macht, einer aufbauenden Lektüre ausklingen.

Am Sonntag, nach einem ausgiebigen, gemütlichen Frühstück, blättere einmal das vorliegende Buch durch und such dir einige Übungen aus, die du heute machen willst. Wie wäre es mit der Trancereise? Oder der Zen-Hörübung? Vielleicht möchtest du auch damit beginnen, Freundschaft mit deinem Unterbewußtsein zu schließen. Nimm nur das, worauf du wirklich Lust hast. Lies auch den Abschnitt »Lebenssituationen« durch. Betrifft dich hier etwas persönlich? Meditiere über den Text, mach dich mit der dazugehörigen Suggestion vertraut. Und nun hol dir einige Blätter Papier und möglichst viele bunte Stifte. Schreib riesengroß auf jedes Blatt Papier einen Schlüsselbegriff deines Lebens. Zum Beispiel: Gesundheit, Liebe, Beruf, Urlaub, Geld, Familie. Und nun notiere auf das jeweilige Blatt, was du dir dazu *ersehnst*. Schreib *alle* deine Wünsche auf, habe keine Hemmungen, niemand außer dir sieht diese Papiere!

Für den Rest des Tages hast du dann nur eine Aufgabe: Diese Wünsche alle erfüllt zu imaginieren. Denk daran, dir *bildhaft* vorzustellen, was du möchtest. Sag nicht einfach »ein Haus am Meer« vor dich hin, sondern *visualisiere* dieses Haus am Meer, erschaffe es vor deinem inneren Auge. *Sieh* dich mit dem weißen Porsche durch die Stadt fahren, *mal dir aus,* was du in deiner neuen Position im Büro tust, und so weiter. Nimm diese Bilder abends mit ins Bett, laß sie tief in dich einsinken, mit deinen Träumen verschmelzen...

Mach dir in der folgenden Woche ein kleines, ganz persönliches Zeitprogramm. Lege fest, was du wann, wie und wie lange tun möchtest. Überfordere dich im ersten Elan nicht dabei. Es ist besser, wenig zu tun, das aber regelmäßig, als ganz groß anzufangen und dann ganz stark nachzulassen. Du mußt keineswegs therapeutische und spirituelle Superleistungen erbringen, Positives Denken ist kein Leistungssport, bei dem man Medaillen gewinnt.

Es kommt nicht darauf an, etwas Besonderes zu tun, sondern das, was man tut, richtig zu tun.

Dein Spruch des Tages

Hier sind einige Volksweisheiten, Sprüche, Zitate. Wir haben 31 ausgewählt, für jeden Tag eines Monats einen. Du solltest diese Sprüche nämlich nicht einmal durchlesen und dann wieder vergessen. *Du solltest dir jeden Tag einen dieser Sätze vornehmen und darüber meditieren.* Laß diesen Satz in dich einsinken, versuche den Bezug, den er zu deinem eigenen Leben hat, zu erfahren. Hindere deinen Verstand daran, das Gelesene sofort kritisch zu zerpflücken. Nimm einfach an, ganz weich, ganz empfänglich.

- Wer aber auf das Glücklichsein verzichtet, erfüllt sein Dasein nicht.
- Jeder von uns ist ein Engel mit nur einem Flügel. Und wir können nur fliegen, wenn wir uns umarmen.
- Alles, was du in die Zukunft verschiebst, fehlt dir im Jetzt.
- Arbeit, in der rechten Einstellung getan, ist Meditation.
- Du bekommst Energie nur, wenn du sie anwendest. Vor dem Empfangen liegt das Geben.
- Ändere dich selbst, und die Umstände werden sich ändern.
- Vergiß niemals, daß du nicht allein bist. Das Göttliche ist bei dir.
- Wahrhaftigkeit ist der Schlüssel der göttlichen Türen.
- Gib alles, was du bist, und alles, was du hast; nicht mehr wird von dir verlangt, aber auch nicht weniger.
- Denke nicht an das, was du warst, sondern an das, was du bist und zu sein dich sehnst.
- Den Mut zu verlieren, ist die einzige Sünde.
- Es gibt nur eine einzige Krankheit: Nicht bewußt zu sein.

- Unsere Freiheit besteht darin, daß wir uns auf eine höhere Ebene begeben können.
- Das Heil liegt im Kernpunkt des Übels.
- Es gibt nichts Unmögliches und hat es nie gegeben. Es gibt nur Augenblicke, die gekommen sind oder nicht gekommen sind.
- Suche nicht nach dem Sinn des Lebens, laß dich finden.
- Habe den Mut, zur Wahrheit zu kommen, auch wenn der Weg durch die Hölle geht.
- Viele wollen vollkommen sein, aber nur wenige sind bereit, etwas dafür zu tun.
- Jeder bekommt das, was er verdient, doch nur der Erfolgreiche gibt es auch zu.
- Es ist besser, eine Kerze anzuzünden, als sich über die Dunkelheit zu beklagen.
- Nicht wie der Wind weht, sondern wie man die Segel gesetzt hat, darauf kommt es an.
- Um zur Quelle zu kommen, muß man gegen den Strom schwimmen.
- Wenn einer träumt, ist es ein Traum, wenn viele träumen, ist es der Beginn einer neuen Wirklichkeit.
- Helfende Hände sind heiliger als betende Lippen.
- Glaube denen, die die Wahrheit suchen, und zweifle an denen, die sie schon gefunden haben.
- Der eine fragt, was ihm die Zukunft bringt, der andere gestaltet sie selbst.
- Gewohnheiten sind Vorgesetzte, die man nicht bemerkt.
- Das Leben findet täglich statt.
- Liebe das Leben und das Leben wird dich lieben.
- Deine Freude ist entlarvtes Leid.
- Das endgültige Ziel ist, sich in ständigem Geeintsein mit dem Göttlichen zu befinden, nicht nur während der Meditation, sondern im ganzen tätigen Leben.

Kapitel 3:
Probleme sind Geschenke

Lebenssituationen

Hier eine kleine Geschichte, die Dr. Joseph Murphy immer gern erzählte – eine wahre Geschichte natürlich.

Es waren einmal Zwillingsschwestern. Sie hatten etwa zur gleichen Zeit geheiratet und waren zufriedene Ehefrauen. Nach einigen Jahren jedoch wurden sie beide plötzlich von ihren Ehemännern verlassen. Die eine der Schwestern nahm daraufhin ihren alten Beruf wieder auf und hielt unerschütterlich an der Überzeugung fest, daß ihr aus dieser Situation nur Gutes erwachsen könne. Sie lernte bald einen anderen Mann kennen, und heute ist sie glücklich verheiratet. Die andere Schwester dagegen sah nur ihren Verlust und schwelgte in wachsenden Haß- und Rachegefühlen. Sie zog sich eine schwere Arthritis zu, und ihr Leben besteht aus endlosen Leiden.

Hatte die eine Schwester nur Glück? Ja, das hatte sie. Aber kein unverdientes, sondern ein Glück, das sie selbst herbeigeführt hatte. Sie beherrschte nämlich die wahre Kunst des Lebens: Sie wußte, wie man aus jeder Situation etwas Gutes macht. Das ist nicht gleichbedeutend mit »das Beste daraus machen«. Denn das heißt ja nur, daß man sich mit Anstand in eine schlechte Situation fügt. »Etwas Gutes« bedeutet tatsächlich, daß man die unerwünschte Situation in ihr Gegenteil verkehren kann. Oder, noch klarer ausgedrückt: Es gibt keine objektiv schlechte Situation, sondern erst deine Meinung darüber macht sie dazu. Erst wenn du klagst und schimpfst, in Selbstmitleid schwelgst, dem anderen die Schuld zuschiebst, wird aus deiner gefährdeten Ehe eine Katastrophe, wird aus deinem schlechtgehenden Geschäft eine Pleite.

Vielleicht festigt die Krise deine Ehe, oder eine Scheidung macht den Weg frei für ein wirkliches Liebesglück. Vielleicht öffnet dir ein geschäftlicher Mißerfolg den Geist für andere, viel gewinnbringendere Ideen.

Möglicherweise wendest du jetzt ein: Es gibt aber doch objektiv schlimme Situationen, zum Beispiel den Tod eines geliebten Menschen oder körperliche Behinderung. Aber frag einmal Menschen, die das erlebt haben oder erleben: Auf die Todeserfahrung, nach der tiefen Trauer, folgt die Wiedergeburt; dem körperlich Behinderten eröffnen sich seelische und geistige Dimensionen, die uns in unserer »Normalität« verschlossen bleiben. Auch hier schaffst *du* die Bewertung.

Wir sind gerne Opfer

Bist du gerne ein Opfer? Genießt du es, badest du dich darin? Suhlst du dich in diesem wunderschönen Gefühl, ein Opfer zu sein? Weise das ruhig erst einmal entrüstet von dir. Wenn du nur tief genug in dich hineinschaust und ganz ehrlich zu dir bist, wirst du erkennen, daß es stimmt. Der Grund dafür liegt in unserer Erziehung. In unserem Kulturkreis werden dem kleinen Kind ständig durch Androhung von Strafen Grenzen gesetzt. Wenn du das tust, dann... Wenn du das nicht tust, dann... Das Kind lernt, auf Bestrafung zu warten. Es hat ständig Angst vor Bestrafung, es *erwartet* Bestrafung, also bekommt es Bestrafung. Später, wenn man erwachsen ist, glaubt man nicht mehr, daß die Eltern strafen, aber man hat Angst davor, daß die Strafe von Gott, vom »Schicksal«, von den anderen kommt. Der Mechanismus ist der gleiche geblieben: Du empfindest dich als Opfer.

Opfer zu sein, bringt gewisse Bequemlichkeiten mit sich. Man kann seine Hände in Unschuld waschen, man ist ja so gut und rein und edel, eine zarte, verwundete Seele, die das Äußerste von Mitgefühl für sich beanspruchen darf. Schlecht und böse sind ja nur die anderen oder »das Schicksal«.

In dem Augenblick, in dem du dich entscheidest, kein Opfer mehr zu sein, mußt du etwas sehr Schwieriges tun: Du mußt die Verantwortung für dich selbst übernehmen. Du mußt akzeptieren, daß alle Probleme, Schwierigkeiten, alles »Böse« und »Schlechte« in dir selbst und keineswegs bei »den anderen« ist. Und weil das sehr viel

Mut erfordert, weil diese Erkenntnis ein Leben nie mehr so sein läßt, wie es war, ziehen die meisten Menschen es vor, Opfer zu bleiben.

Alle Lebenssituationen, die wir im folgenden skizzieren, fordern im Grunde von dir die gleiche Seelenarbeit, wir fassen sie noch einmal in drei Schritten zusammen:

1. Erkenne, daß du nicht Opfer bist, sondern eine Opfer-Rolle *spielst*.
2. Löse dich von dieser Rolle und übernimm die *volle Verantwortung* für die Situation.
3. Arbeite das Gute an dieser Situation heraus, entdecke, welche Einsichten, welche *Chancen zur Weiterentwicklung* sie dir schenkt.

Glück ist entlarvtes Leid

Alles Leiden ist Mittel zum Zweck. Probleme sind Geschenke, die wir uns machen, um zu Erkenntnissen zu gelangen. Und Erkenntnis, ein Fortschreiten in der geistigen Evolution, ist der Sinn unseres Seins. Natürlich könnten wir auch ohne Probleme, ohne Leiden Erkenntnis erlangen, doch dazu sind nur sehr wenige von uns in der Lage. Oft sind wir faul, geradezu unglaublich faul. Haben wir einmal einen winzigen Augenblick eine winzig kleine Erkenntnis gewonnen, so wollen wir uns unser Leben lang darauf ausruhen. Doch das duldet die geistige Evolution nicht, sie schreckt uns aus unserem selbstzufriedenen Dösen auf – indem sie uns ein Problem schickt. Probleme sind also Erziehungsmaßnahmen der Evolution, und das Leiden daran ist die Peitsche, wenn wir nicht auf das Zuckerbrot reagieren. Denn auf Leiden reagiert jeder, je nach Dickfelligkeit früher oder später. Du leidest also, du unternimmst etwas, wenn dieses Leiden unerträglich wird – und du hast wieder eine Erkenntnis gewonnen, deine Einstellung hat sich geändert.

Diese andere Einstellung wird deine Erfahrungen verändern. Im allgemeinen nehmen wir an, daß Erfahrungen Einstellungen wandeln, doch es ist genau umgekehrt. Du bist eben nicht das unschuldige Opfer deiner Erfahrungen, sondern die Erfahrungen ergeben sich aus deiner Einstellung. Ändere die Einstellung, und deine Erfahrungen werden anders werden!

Oft sind wir – wenn wir schon nicht anders lernen wollen – nicht einmal bereit, das Leiden auf uns zu nehmen. Wir schieben es weg, wir behaupten, da gäbe es gar kein Leid, wir verdrängen es. Doch wer heute den Kopf in den Sand steckt, dem knirscht morgen der Sand auf den Zähnen. Alles, was wir verdrängen, addiert sich auf, wird größer, und schließlich kehrt es in viel schlimmerer Form zurück. Wenn du also noch durch Leiden lernen mußt, dann geh wenigstens ganz durch das Leiden hindurch, fühle es, spüre es in jeder Faser deines Seins, akzeptiere es. Wenn du das tust, wirst du die Erfahrung machen, daß sich Leiden vollständig *auflöst*.

Wenn du in deinem Leben zurückblickst, willst du gerade die größten Leidenserfahrungen nicht missen, weil sie dir die größten Erkenntnisse gebracht haben. Und wenn du begreifst, daß es diese Erkenntnisse sind, auf die es eigentlich ankommt, dann wirst du beschließen, deine Arbeit freiwillig zu tun. Du wirst wieder in alte Gruben fallen, doch wenn du dein Ziel vor Augen hast, immer seltener. Bis du eines Tages vielleicht die Peitsche nicht mehr brauchst und nur noch Zuckerbrot bekommst...

Und nun zu den einzelnen Lebenssituationen.

Wenn du einen (Ehe-)Partner suchst

Laß das folgende geistige Gesetz tief in dich eindringen: *Wenn du jemanden suchst, so gibt es auch jemanden auf der Welt, der dich sucht.* Wenn das nicht der Fall wäre, würdest du gar nicht suchen, denn es gibt in der geistigen Welt keinen Impuls, der ins Leere geht. Alles steht miteinander in Beziehung. Also selbst wenn du klein, pummelig und die Mutter von drei unehelichen Kindern bist: Wenn du dich nach einem Mann sehnst, so gibt es diesen Mann auch, und er wird auf kleine, pummelige Frauen stehen und er wird Kinder lieben und er hat sich schon immer nach der Herzenswärme gesehnt, die du ihm geben kannst. Die meisten Menschen, die sich – scheinbar vergebens – einen Partner wünschen, haben Minderwertigkeitsgefühle. Sie glauben, weil sie nicht so jung und hübsch wie ein Mannequin oder so markig und cool wie der Typ von der Zigarettenreklame sind, wird sich niemand für sie interessieren. Aber das sind intellektuelle Überlegungen, die mit Statistiken über »Typen«, die gerade modern und chic sind, rechnen. Aufregend schöne und besonders erfolgreiche Menschen sind keineswegs glücklicher in der Liebe als du und ich. Sie haben vielleicht mehr Chancen, aber Chancen muß man nutzen können.

Also werde dir zunächst einmal klar darüber, was du geben kannst. Erkenne, wer du *bist*, zerbrich dir nicht den Kopf darüber, wer du *nicht bist*. Werde dir deiner Qualitäten bewußt, finde heraus, was einen anderen Menschen an dir anziehen könnte. Ist es dein Witz, dein Charme, deine Intelligenz, ist es deine Treue, deine Zuverlässigkeit, ist es deine Mütterlichkeit, deine Zärtlichkeit, deine Sportlichkeit, deine praktische Begabung – oder gar alles zusammen? Bei dieser Schatzsuche wirst du auf jeden Fall Gold finden. Eine gute Methode ist es auch, Freunde zu fragen. Da kommen erstaunliche Dinge zutage. Eigenschaften, die man an sich selbst kaum beachtet hat, weil man sie für selbstverständlich hielt, werden von Freunden oft hochgeschätzt. Etwa deine feinfühlige Hilfsbereitschaft, aber auch Zurückhaltung bei den Sorgen anderer, oder deine ansteckende gute Laune.

Und nun geh an die praktische Arbeit. Mach dich zu einem *Sender,* der eine Botschaft in die Welt, in den Äther hinaussendet. Diese Botschaft heißt: *Hallo, idealer Partner, hier bin ich, melde dich.* Gib jeden Morgen, gleich nach dem Aufstehen, Informationen darüber, wo du dich heute aufhalten wirst. Etwa: »Um elf bin ich beim Friseur, um 17 Uhr hole ich jemanden vom Bahnhof ab, abends sitze ich in der Kneipe an der Ecke. Wenn du Lust hast, idealer Partner, mir heute zu begegnen, dann weißt du jetzt, wo du mich finden kannst.« Du hast nur ein einziges Hindernis bei dieser Methode zu überwinden: deinen logischen Verstand. Der sagt dir nämlich, daß du nicht jemanden herbeirufen kannst, den du noch gar nicht kennst, und daß eine Verabredung per »Seelentelefon« vollkommener Quatsch ist.

Doch dein Verstand ist hier, wie so oft, beschränkt, obwohl er sich für unschlagbar hält. Mach dir klar, daß du sehr wohl Informationen »in den Wind« sprechen kannst. Wie aber erreicht deine Information den richtigen Empfänger? Eben dadurch, daß er dein Empfänger ist. Das ist eine Sache der Wellenlänge. Gleiche Schwingungen sprechen aufeinander an, passen sich an, verstärken sich. Sender und Empfänger gehören zusammen wie Tag und Nacht, Mann und Frau, Leben und Tod.

Wenn du einen Partner suchst, mußt du wissen, daß eure Begegnung zuerst im seelischen und geistigen Bereich stattfindet, erst dann im körperlichen. Oder anders gesagt: Wenn ihr euch körperlich begegnet, habt ihr schon lange vorher seelischen Kontakt zueinander aufgenommen. Deshalb haben Liebende oft das Gefühl, sich schon lange zu kennen, auch wenn sie einander gerade erst begegnet sind.

Einen Fehler darfst du bei der Partnersuche auf keinen Fall machen: dich auf einen bestimmten Menschen, den du unbedingt haben willst, zu fixieren. Besonders Frauen neigen dazu, sich diesen und keinen anderen Mann in den Kopf zu setzen, selbst wenn er verheiratet oder offensichtlich nicht interessiert ist. Wünsche dir *allgemein* einen Menschen, der seelisch mit dir harmoniert – und du wirst einen *bestimmten* bekommen. Versuchst du einen *bestimmten* Menschen zu dir zu zwingen – dann wirst du *niemanden* haben.

Suggestionen: Idealer Partner, ich weiß, daß du da bist, daß du mich suchst, wie auch ich dich suche. Der gemeinsame Geist, der uns so lange Sehnsucht nacheinander haben läßt, führt uns jetzt zusammen. Ich liebe dich und bitte dich für uns beide: Laß dich heute von deiner inneren Stimme führen, laß es einfach geschehen, daß du hierherkommst, wir uns endlich begegnen. Wie oft schon habe ich deine Umarmungen gefühlt, mit dir gesprochen, wie oft schon war ich in innigster Liebe mit dir vereint. Wie oft schon hörte ich deinen Ruf, deine liebevolle Stimme, spürte ich die unendliche Harmonie, die in Vollkommenheit mündet, wenn wir uns jetzt auch auf der körperlichen Ebene finden. Ich bin Körper – Seele – Geist wie du, laß uns auf allen diesen Ebenen eine unzertrennliche Einheit bilden zur Ehre des Höchsten. Auf daß Liebe sich durch uns ausdrückt und wir beide

Vorbild sein können. Ich singe und tanze mit dir und bin fröhlich. Ich bin in Gottes Herzen, und ich weiß, dort finde ich auch dich.

Unglücklich verliebt

»Denn gleich wie die Liebe dich krönt, wird sie dich kreuzigen.«

Wenn jemand die Tendenz hat, ein ewig Leidender zu sein, so ist »unglückliche Liebe« eine wunderbare Gelegenheit dazu. Es gibt keine Fehlentscheidungen! Falls du dir einen Partner ausgesucht hast, unter dem du leidest, so liegt der Grund dafür in deiner Programmierung. Wenn du ein schlechtes Programm in dir hast, so sind schlechte Erfahrungen doch ganz folgerichtig. Bist du unglücklich verliebt, mußt du dein inneres Programm, das auf Leid und Strafe ausgerichtet ist, ändern. *Du* mußt das tun, nicht dein Partner, von dem du so sehr wünschst, daß er sich anders verhält. Wer leidet, dem fehlt das Talent zum Glück.

Frauen entscheiden sich oft für verheiratete Männer, weil sie Angst vor einer wirklichen Bindung haben. Sehr viele Frauen spielen die Geliebte, die andere, das fünfte Rad am Wagen, doch das ist nie ein Zufall. Es gibt genügend unverheiratete Männer, aber gerade weil sie das sind, haben sie keinen Reiz für diese Frauen. Wenn du dich mit einem verheirateten Mann einläßt, *muß* Leid entstehen. Entweder der Mann meint es nicht ernst mit dir und liebt seine Frau, oder er benutzt dich als Leiter, um sich von seiner Frau frei zu machen. Doch eine Leiter stellt man weg, wenn man sie nicht mehr braucht. Laß dich nicht benutzen! Sag dem Partner, der beteuert, daß er sich von seiner Frau trennen will: Komm wieder, wenn du dich getrennt hast. So lange werden wir uns nicht sehen.

Gerade Frauen fixieren sich oft auf einen ganz bestimmten Mann. Sie wollen nicht einen Partner, der zu ihnen paßt, sondern einen Namen: Dieser ganz bestimmte muß es sein, und wenn ich den nicht kriege, will ich gar keinen. Oft spielt da eine unaufgelöste Bindung an den Vater eine Rolle. So ein Verhalten ist neurotisch, es ist selbstzerstörerisch und aus Angst geboren. Die Angst bewirkt die Verengung, die Einschränkung des Spektrums. Da wird nur ein einziger Mann wahrgenommen, und du arbeitest mit tausend Tricks, um ihn zu bekommen.

Bei einem Mann spielt oft die Erinnerung an die große Liebe, an die einzige Frau, die er angeblich wirklich geliebt hat, eine Rolle. Weil diese Frau ihn verlassen hat, rächt er sich dafür an allen Frauen, denen er später begegnet – und er leidet selber darunter. Der Mann ist dann an keine reale Frau fixiert, aber an ein *Bild* in sich – und das hat natürlich oft wiederum mit der Mutter zu tun.

Wenn du unglücklich verliebt bist, ist es entscheidend, daß du die Fixierung an den betreffenden Menschen auflöst. Sieh endlich der Tatsache ins Gesicht, daß dieser Partner nicht ideal für dich ist, auch wenn du es noch so sehr willst. Es muß also eine Lösung für diese leidbringende Situation gefunden werden, und diese Lösung besteht – ganz wörtlich – in der Loslösung. Mach mit allen taktischen Überlegungen, wie du »ihn« (sie) doch noch herumkriegen kannst, Schluß, und laß diesen Menschen los. Viele Mütter haben schöne Söhne, viele Mütter haben schöne Töchter. Stell dir vor, daß es mehr als tausend ideale Partner auf der ganzen Welt für dich gibt. Zehn oder fünfzehn davon solltest du schon mal kennenlernen!

Versuch aber nicht, die Fixierung aufzulösen, indem du dich krampfhaft bemühst, *nicht* an das Objekt deiner Begierde zu denken. Es gibt da eine schöne Anekdote über Immanuel Kant. Kant hatte einen Diener – er hieß Hampe –, der ihm große Schwierigkeiten machte. Wenn Kant nun in seine philosophischen Studien vertieft war, merkte er immer wieder, daß seine Gedanken zu diesem Diener abschweiften. Um dem ein Ende zu bereiten, schrieb er einen großen Zettel, den er sich über den Schreibtisch hängte. Auf diesem Zettel stand:

»Nicht an Hampe denken!«

Klar, daß Kant nun ohne Unterlaß an Hampe dachte...

Also sei klüger als der geniale Philosoph. Leg den Menschen, in den du unglücklich verliebt bist, auf deine linke Hand und puste ihn lächelnd weg. Und dann gestatte dir in aller Freiheit, an einen anderen zu denken. Nicht zähneknirschend und zwanghaft. Jede Energie, die du einsetzt, schafft erst das Hindernis, das du dann überwinden mußt. Es gibt aber gar kein Hindernis.

Gestatte dir das Glück. Die meisten Menschen leben nicht, sie existieren nur. Sie haben Angst, daß die Götter neidisch werden, das heißt, daß eine große Macht etwas gegen ihr Glück unternehmen wird. Das ist Unsinn. *Entscheide dich für das Glück*. Leg jetzt dieses Buch beiseite, mach einen Spaziergang und sage bei jedem Schritt: Ich habe mich für das Glück entschieden. Dann wird dir gar nichts anderes übrigbleiben, als dich bald *glücklich* zu verlieben. Freude heißt der Stoff, aus dem die Schöpfung ist!

Suggestionen: Ich lasse los, weil sich jetzt mein Talent zum Glücklichsein entwickeln will. Durch mein Loslassen entsteht Raum in mir für Neues. Meine innere Weisheit läßt mich jetzt den richtigen Partner anziehen. Er ist ideal für mich und ich passe zu ihm, geistig, seelisch, physisch. Das Einzigartige an meiner Persönlichkeit bereitet jetzt den Weg, den Idealvorstellungen meines Partners zu entsprechen. Ich bin, was ich den Worten »Ich bin« folgen lasse. Ich bin liebevoll, voller Liebe. Allein durch meine Anwesenheit wird in meinem Gegenüber das Gute gestärkt. Liebe, Harmonie, Friede, gegenseitiges Vertrauen. Ich bin gleichermaßen liebenswerter und liebesfähiger, indem ich innerlich frei bin und diese Freiheit lebe. Ich liebe meinen Partner, ohne ihn zu fesseln. Ich lasse ihm Raum für seine Einzigartigkeit, für die ich ihn bewundere. Meine tiefe innere Bereitschaft, zu vergeben, meine Friedfertigkeit, lassen mich zu dem werden, der auf das Beste unwiderstehlich wirkt.

Wenn du dir ein Kind wünschst

Du möchtest ein Kind haben, aber du wirst nicht schwanger. Der Hintergrund für das Symptom Unfruchtbarkeit ist oft eine unbewußte Ablehnung, ist Angst. Manchmal haben auch die Eltern »vorgespielt«, daß es nicht so leicht ist, ein Kind zu empfangen, und du hast diese Rolle übernommen. Auch körperliche Gründe, wie ausbleibender Eisprung oder, beim Mann, Zeugungsunfähigkeit, haben sehr oft seelische Ursachen.

Den Mädchen wird in der Pubertät die Angst vor Schwangerschaft oft richtiggehend eingebleut: Wenn du mit einem Kind nach Hause kommst, schmeißen wir dich raus! Selbst wenn das Kind dann später erwünscht ist, bleibt dieses Programm unbewußt noch wirksam. Um körperliche Mängel zu beseitigen, mußt du also erst einmal die psychischen Probleme aufarbeiten. Dafür gibt es zwei Möglichkeiten. Die erste: Durch Regressionstechniken wie Hypnose wirst du von einem Therapeuten in die Situationen zurückgeführt, die Angst in dir auslösten. Dadurch werden sie aufgelöst und du bist frei.

Die zweite Möglichkeit: Du erteilst dir und deiner Vergangenheit eine *Generalabsolution*. Das heißt, du sagst dir mit Überzeugung, daß alles vollkommen in Ordnung war, so wie es war. Du verzeihst deiner Vergangenheit, den Menschen, unter denen du gelitten hast. Ja, du dankst ihnen geradezu dafür, daß sie dich dahin gebracht haben, wo du heute bist. Denn da, wo du heute bist, ist es optimal. Du bist vollkommen in Ordnung, so wie du bist. Du bist die Größte – und morgen bist du noch ein bißchen größer. Wie wenig du auch immer heute gelernt hast, morgen kann es nicht weniger sein, als du heute schon weißt. Du gehst einfach mit der Strömung der Evolution, und die trägt dich stetig weiter.

Wenn du zu dieser Generalabsolution fähig bist, wird dich ein ungeheures Gefühl von Freiheit und Freude überkommen. Verzeihen können ist eines der wichtigsten Elemente der positiven Lebensphilosophie.

Verzeihe am Sonntag dir selbst.
Verzeihe am Montag deiner Familie.
Verzeihe am Dienstag deinen Freunden und Kollegen.
Verzeihe am Mittwoch quer durch alle finanziellen Schichten deinen Landsleuten.
Verzeihe am Donnerstag quer durch alle kulturellen Schichten deinen Landsleuten.
Am Freitag vergib quer durch alle politischen Richtungen deinen Landsleuten.
Samstag: Vergib allen anderen Nationen.

Da ist dann nichts mehr, was dich hindert, was dich bremst, was dir angst machen kann. Kein anderer hält dich gefangen, keine Vergangenheit lastet auf dir. Du selbst kannst dich befreien, einfach dadurch, daß du dich für frei erklärst.

Und nun beginne den Zustand der ersehnten Schwangerschaft immer wieder zu visualisieren: Dein Arzt sagt dir, daß der Test positiv ist, du erzählst es deinem Mann oder Freund, ihr seid glücklich. Du siehst dich stolz mit einem dicken Bauch durch die Gegend gehen, deine Freunde freuen sich mit dir.

Dieses Visualisieren wirkt nicht augenblicklich, es dauert eine gewisse Zeit, bis der Widerstand überwunden ist. Es ist auch allgemein bekannt, daß ein zu intensives Wollen die Empfängnis eher verhindert. Oft wurden Frauen genau in dem Moment schwanger, als sie ihren Wunsch nach einem Kind »vergaßen«. Das hängt wieder mit einem geistigen Gesetz zusammen: *Die Energie, die du einsetzt, um ein Ziel zu erreichen, ist das Hindernis auf dem Weg zum Ziel.* Je mehr willentliche Kraftakte du unternimmst, desto mehr wird dich von dem zu Erreichenden trennen. Wenn du etwas erzwingen willst, vertraust du nicht darauf, daß es geschieht. Sobald du also eine Schwangerschaft erzwingen willst, hast du Angst, daß du nicht schwanger wirst, und genau dieser Glaube wird in Erfüllung gehen...

Wenn du dich entschieden hast, ein Kind zu bekommen, so hast du 75 Prozent der Energie freigestellt, die dafür nötig sind. Mehr ist nur hinderlich.

Eine Frau, die sich dringend ein Kind wünscht, übt auch in anderer Weise Zwang aus: Sie ist der Überzeugung, daß ihr ein Kind zusteht, daß ihr ein Kind gehört, nur weil sie biologisch zur Mutterschaft fähig ist. Das ist eine falsche Sicht der Dinge. Die Seele, die sich im Augenblick der Zeugung bei dir inkarnieren will, ist nicht dein Besitz, nur weil das kleine Baby zunächst so hilflos ist. Sie ist eine freie Seele, die dich in Freiheit wählt. Khalil Gibran hat das in seinem Büchlein *Der Prophet* sehr schön ausgedrückt:

»Eure Kinder sind nicht eure Kinder. Sie sind die Söhne und Töchter der Sehnsucht des Lebens nach sich selber. Sie kommen durch euch, aber nicht von euch. Und obwohl sie mit euch sind, gehören sie euch doch nicht. Ihr dürft ihnen eure Liebe geben, aber nicht eure Gedanken. Denn sie haben ihre eigenen Gedanken. Ihr dürft ihren Körpern ein Haus geben, aber nicht ihren Seelen. Denn ihre Seelen wohnen im Haus von morgen...«

Suggestionen: Ich lasse ab jetzt, diesem Augenblick, zu, ich lasse geschehen, daß ich schwanger bin. Ich bin jetzt in der idealen Verfassung, ein Kind zu empfangen. Ich bin in Liebe mit meinem Partner vereint und weiß, daß die Tiefe der seelischen Bande das Maß ist, mit dem eine reife Seele von uns angezogen wird. Der Zeugungsakt findet auf der körperlichen Ebene statt, und unsere Liebe ist die Kraft, die eine Seele anzieht, um sich durch unser Kind zu inkarnieren. Je tiefer die Zuneigung zwischen mir und meinem Partner ist, desto reifer, älter und liebevoller wird auch der Geist sein, den wir anziehen. Es ist schön, all das zu wissen. Danke, göttliche Schöpferkraft.

Schwangerschaft, Geburt

Schwangerschaft und Geburt gehören zu den großartigsten Erlebnissen, die eine Frau haben kann – manche Frauen meinen sogar, es sei das schönste Erlebnis überhaupt. Wenn du erfährst, daß du schwanger bist, solltest du keine Angst bekommen, sondern nur Freude empfinden. Der weibliche Organismus ist ideal geeignet, Kinder zu gebären. Fast jede Komplikation in der Schwangerschaft hat seelische Ursachen. Wenn du Probleme mit deinem Partner hast, wenn du das Kind eigentlich nicht willst, reagiert der Körper. Eins ist sehr wichtig: Falls du dich entschieden hast, das Kind zu behalten, *dann mußt du ab sofort diesen Entschluß vollkommen bejahen.* Akzeptiere, was ist, auch wenn du vorher Zweifel hattest, freue dich auf das neue Lebewesen. Man kann es auch noch drastischer ausdrücken: Wenn du nach dem dritten Monat durch deine Ablehnung unbewußt versuchst, das Kind loszuwerden, dann ist das Mord.

Schwangerschaft ist nicht nur die Wartezeit auf die Geburt, sie ist nicht nur Vorspiel auf ein glückliches Ereignis. Schwangerschaft ist eine einzigartige Möglichkeit zur Selbstentfaltung. Eine Chance, sich nicht nur dem Wachstum des eigenen Selbst zu überlassen, sondern sich auch dem neuen Selbst hinzugeben. Nie ist eine Frau so harmonisch und perfekt eingebunden in den kosmischen Kreislauf, nie ist sie in einem direkten Sinn so kreativ.

Nimm dir in der Schwangerschaft viel Zeit für dich selbst. Jede werdende Mutter streichelt instinktiv ihren Bauch, doch ist es auch wichtig, mit dem Baby zu sprechen. Sag deinem Kind, daß du dich darauf freust, ihm alles Schöne dieser Welt zu zeigen, sag ihm, daß es willkommen ist, sag ihm, daß du es liebst. Es gibt eine Reihe von Untersuchungen darüber, daß Babys schon im Mutterleib ausgeprägte Empfindungen haben. Sie reagieren auf die Gefühle der Mutter, leiden mit, wenn sie Streß und Angst empfindet. Darum sind alle Arten von Entspannungsübungen und positiven Suggestionen jetzt besonders wichtig. Nie ist die Macht deiner Gedanken größer als jetzt: Du kannst durch sie Leben zerstören oder aufbauen.

Ein Kind sollte in Liebe empfangen werden, nicht aus Zufall oder gar mit Widerwillen. Bei der Zeugung wird eine Seele angezogen, und manche sagen, daß die Qualität der Seele von der Qualität der Energien während der Zeugung abhängt.

Die Geburt ist für jede Frau eine einzigartige Erfahrung. Leider werden jedoch von Generation zu Generation negative Gefühle weitergegeben: Eine Geburt sei gefährlich, schmerzhaft. Wenn die werdende Mutter solche Urteile innerlich akzeptiert, bekommt sie Angst. Angst kommt von Enge, der Körper der Frau verkrampft sich also, wird eng, und dadurch entstehen erst die Schmerzen. Durch *posthypnotische Suggestion* kann sich eine Frau perfekt auf eine Geburt vorbereiten. Das bedeutet, daß man einer Schwangeren eine Suggestion unter Hypnose gibt, die aber erst im Augenblick der Geburt wirksam wird. Das funktioniert so gut, daß wir es schon erlebt haben, daß ein Kind vor der Hebamme da war! Und das ganz ohne Schmerzen für die Mutter.

Sicher kennst du Dr. Leboyer und seine Methode der »sanften Geburt«. Lies nicht nur darüber, sondern wende sie an. Wenn es zu vertreten ist, sollte man sich für eine Hausgeburt entscheiden. Das Kind wird nicht durch Kälte, grelles Licht und das Klappern von Metallschüsseln gequält, und es wird nicht der Mutter entrissen. Diesen letzten Punkt kann man gar nicht hoch genug bewerten. Babys, die ihren Müttern gleich nach der Geburt fortgenommen werden, haben ihr Leben lang Kontaktprobleme, das Urvertrauen zwischen Mutter und Kind wird gestört. Es ist wirklich nicht zu beschreiben, was da kaputtgemacht wird!

Noch ein Wort zu den Männern: Väter sollten bei der Geburt nur dabeisein, wenn sie dieses Ereignis verkraften. Keinesfalls darf der Grund sein, der Frau einen Gefallen tun oder den Nachbarn imponieren zu wollen.

Wenn du trotz allem unsicher bist und während der Schwangerschaft oder vor der Geburt Angst hast, komm zur Hypnosetherapie. Gerade hier sind die Möglichkeiten dieser Technik einzigartig.

Suggestionen: Heute ist ein schöner Tag. Ich werde mein Kind, das aus meinem Herzen kommt, in die große weite Welt hineinbegleiten. Ich habe mich lange danach gesehnt, daß es soweit ist. Ich bin völlig entspannt und froh. Ich weiß, daß mein Körper ideal geeignet ist, ein Kind zu gebären. Sobald die Geburt beginnt, werde ich vollkommen ruhig sein und alles, auch den Augenblick des Schmerzes, bejahen. In meinem Ja liegt Weite, Freiheit und Offenheit. Es wird eine ganz und gar natürliche Geburt sein, leicht für mich und mein Kind. Diese Geburt ist ein wunderbares Erlebnis. Ich bejahe sie. Danke, Gott, daß du mir beistehst.

Wenn ein Kind Schulschwierigkeiten hat

Ein Kind, das Schwierigkeiten in der Schule hat, spiegelt oft Probleme in der Familie wider. Spannungen in der Partnerschaft der Eltern entladen sich über die Kinder. Das Kind hat den Wunsch, beschützt zu werden, und wenn sich die Eltern streiten, bekommt es Angst. Es kann nicht »zumachen« und sich distanzieren, es erlebt alles unmittelbar und leidet deshalb viel stärker als ein Erwachsener. Viele Eltern üben auch direkten Druck auf ihre Kinder aus. Sie fordern, daß auf bestimmten Gebieten Leistungen erbracht werden, obwohl die Fähigkeiten ganz woanders liegen. Prestigedenken spielt da eine große Rolle, das Kind »muß« studieren, obwohl es vielleicht praktisch begabt ist. Eltern sollten daran denken, daß Kinder eigenständige Wesen mit eigenen Wünschen und Gedanken sind, sie sind kein Eigentum, mit dem man nach Gutdünken verfahren kann. Unausgelebte Träume werden oft nach dem Motto »Du sollst es einmal besser haben als ich« gedankenlos übertragen, die Kinder müssen dann schaffen, woran die Eltern gescheitert sind.

Eltern sollten sich viel Zeit für ihre Kinder nehmen und herausfinden, wo deren spezielle Interessen und Talente liegen. Talente werden nur dann aktiv, wenn sie erkannt und gefördert werden.

Unsere Schulen sind unmenschlich, weil sie völlig einseitig auf die Vermittlung von intellektuellem Wissen ausgerichtet sind. Da wird im Stundentakt das Thema gewechselt, die meisten Fächer haben keinen Bezug zur Lebenswirklichkeit des Kindes. Körperliche Bewegung und künstlerischer Ausdruck spielen eine untergeordnete Rolle, praktisches, handwerkliches Tun wird geringgeschätzt.

Dabei hat es schon sehr früh, in den zwanziger Jahren dieses Jahrhunderts, Ansätze für eine Neuorientierung gegeben. Die Rudolf-Steiner-Schulen (Waldorfschulen) entwickelten damals ein bis heute gültiges Erziehungskonzept: Die Stoffverteilung und die Unterrichtsart richten sich nach der Entwicklungsstufe des Kindes, es wird ein Ausgleich zwischen Aufnehmen und eigenem Tun angestrebt, künstlerische und praktische handwerkliche Fächer sind den theoretischen mindestens gleichgeordnet. Großer Wert wird auch auf die Zusammenarbeit zwischen Schule und Eltern gelegt.

Im Grunde lernt jedes Kind gern, *Lernen ist ein natürlicher, angenehmer Vorgang.* Erst die Schulen machen ihn oft zu einer Mühsal.

Wenn man einem Kind, das Lernschwierigkeiten hat, helfen will, darf man nicht noch mehr Druck und Zwang ausüben, um den Stoff »einzupauken«, damit erreicht man genau das Gegenteil von dem, was angestrebt ist: Das Lernen wird noch anstrengender, das Kind nimmt noch weniger auf.

Durch autogenes Training (es gibt Kinder-Kurse) lernt das Kind, Blockaden abzubauen, sich wieder zu öffnen. Imaginiere mit deinem Kind die *positive Situation des Lernens,* laß es sehen, wie es entspannt im Klassenzimmer sitzt, wie es aufmerksam zuhört – nicht krampfhaft versucht, sich zu konzentrieren.

Zeig dem Kind im Alltag, wie lustvoll lernen sein kann. Lernen ist nicht auf die Schule beschränkt, Erziehung heißt auch: Mein Kind macht mit. Es hilft mir beim Kuchenbacken, es lernt, wie man ein Auto wäscht, es erfährt, wie man mit Geld umgeht. Das ist oft mühsam, denn allein geht alles viel schneller, doch es lohnt sich. Stöhne auch nicht dauernd über die Arbeit, die *du* machen mußt, sonst stöhnt das Kind über *seine* Arbeit – die Schule. Wenn du den Nährboden für ein gesundes Heranwachsen deines Kindes bereitest, wird es auch keine Schulschwierigkeiten haben.

Suggestionen für das Kind: Ich lerne gerne, ich bin wie ein neuer Computer, der jetzt darauf wartet, daß seine Speicher gefüllt werden. Meine Speicherkapazität ist riesengroß, und es macht mir Spaß, Wissen in mich aufzunehmen. Wann immer dieses Wissen, das ich in der Schule aufnehme, abgerufen wird, steht es sofort zur Verfügung. Es ist ganz leicht, zu lernen, ich brauche bloß gelöst und entspannt zu sein, Interesse am Lehrstoff zu haben, alles andere geht von allein. Ich bin gerne dazu bereit, zu tun, was ich tun kann. Ich genieße die Verblüffung der Lehrer und Schulkameraden über mein gutes Gedächtnis. Alles Wichtige ist für das ganze Leben in mir abrufbereit. Das Leben ist schön, und ich danke meinen Eltern und Gott, daß es mich gibt.

Für Eltern von schwierigen Kindern

Wenn Eltern ihre Kinder zur »Reparatur« zu uns in die Praxis bringen, schicken wir oft die Kinder nach einiger Zeit hinaus und sagen zu den Eltern: *Sie* gehören eigentlich auf die Couch. Manchmal sind die Eltern dann so beleidigt, daß sie gehen möchten. In der Tat sind schwierige Kinder ausschließlich das Produkt ihrer (schwierigen) Eltern. Phineas Quimby hat einmal gesagt: »Ein Kind ist wie eine leere Tafel, auf die Angehörige, Geistliche und alle, die des Weges kommen, etwas kritzeln.«
 Ein Kind ist ein Spiegel der im Elternhaus vorherrschenden geisti-

gen Strömungen. Kinder lernen von ihren Eltern. Sie reagieren ganz unmittelbar auf das, was sie gesagt oder vorgelebt bekommen. Die Eltern eines schwierigen Kindes müssen sich Gedanken über die Art machen, wie sie mit ihm umgehen, anders ist eine Wandlung nicht möglich.

Eine Freundin von uns hatte gehört, daß man ausschließlich das tun soll, was man möchte. Diese Botschaft gab sie an ihre Kinder weiter, und das Ergebnis war fürchterlich. Die Kinder tun rücksichtslos tatsächlich nur noch das, was sie wollen. Inzwischen werden sie nicht einmal mehr von einer Waldorfschule aufgenommen. Diese Mutter hat ihre Kinder falsch informiert. Die Kinder haben nur, wie das kindlicher Art entspricht, wortwörtlich befolgt, was ihnen gesagt wurde.

Auch das Gegenteil, die autoritäre Erziehung, läßt Kinder schwierig werden. Das Erziehungsmodell der westlichen Zivilisation ist seit Jahrhunderten auf Dressur und Unterdrückung der Kinder aufgebaut und ist alles andere als eine Hilfe zur Selbsthilfe in Freiheit. Ein Kind, das unter Druck gesetzt wird, sucht Ventile und verhält sich dann zerstörerisch. Die Individualität eines Kindes wird bei uns ganz selten gefördert, und die beiden häufigsten und banalsten Begründungen dafür sind: keine Zeit, kein Geld.

Vielleicht am verhängnisvollsten für die Erziehung eines Kindes ist es, wenn die Eltern ihre eigenen Ängste nicht aufgelöst haben und sie – meist unbewußt – auf das Kind übertragen. Das Kind wird unfrei und ängstlich, und selbst wenn man ihm einen Keks anbietet, wird es den Kopf schütteln, aus Angst, etwas falsch zu machen. Hinter dem »Nein« und »Ich will nicht« eines Kindes steht immer Angst, die Angst vor Neuem. »Nein« zu sagen ist zunächst leichter, nichts kann passieren, alles bleibt beim alten. Dieses Verhaltensmuster wird dann in das Erwachsenenleben übernommen. Die Menschen verharren aus Angst im Alten und leiden, anstatt einen Schritt nach vorne zu tun und dadurch die Situation zu meistern. Früher oder später werden sie doch zu diesem Schritt gezwungen, denn die geistige Evolution duldet keinen Stillstand. Warum also nicht gleich – mit *Lust* anstatt mit Leiden?

Eltern, die selber in Angst und zur Angst erzogen wurden und sie nicht abgebaut haben, geben diese Angst also an ihre Kinder weiter, diese wieder an ihre Kinder, und so wird unsere Gesellschaft immer ängstlicher und neurotischer. Eine ängstliche und neurotische Gesellschaft jedoch braucht Waffen, um eine Scheinstärke zu demonstrieren, und die Wahrscheinlichkeit, daß diese Waffen dann eines Tages auch eingesetzt werden, ist groß. Sag jetzt nicht, daß deine Angst real gerechtfertigt sei: Das gibt es nicht, jede Angst ist subjektiv. Auch wenn hundert Millionen Menschen die Angst für real halten, wird sie dadurch nicht wirklicher. Das ist dann eben eine Massensuggestion. *Die Gefahr ist nur da, wenn wir an die Gefahr glauben.* Der Grund für einen dritten Weltkrieg ist seine Vorbereitung! Du kannst dich sofort entscheiden, keine Angst mehr zu haben. Du kannst die Lektüre dieses Buches unterbrechen, spazierengehen und dich entscheiden. Entscheide dich aber nicht gegen etwas, gegen Krieg oder gegen Reagan oder gegen Gorbatschow oder gegen die Angst. Entscheide dich *für* etwas. *Für* Vertrauen. *Für dich*.

Noch ein praktischer Hinweis für den Umgang mit deinem Kind. Die meisten Eltern spielen gedankenlos ein bestimmtes Programm ab: »Du bist zu blöd, aus dir wird nie etwas, das kannst du nicht, wie oft soll ich dir noch sagen...« Mach es doch einmal anders: Nimm dein Kind auf den Schoß, wenn es etwas lernen soll, und sag ihm ganz liebevoll: »Siehst du, so macht man das, es ist ganz einfach. Toll, wie du das schon kannst. Und wenn du es so machst, wird es sogar noch besser. Papa und Mama erklären dir alles, dazu sind wir doch da. Wir sind stolz auf dich...«

Theoretisch wissen das fast alle Eltern, aber dann werden sie doch wieder schnell ungeduldig, und die alte Platte wird aufgelegt: »Du bist zu dumm dazu, das wirst du nie begreifen...«

Versuche konsequent, dieses alte Programm zu löschen und durch ein positives zu ersetzen, und du wirst nie wieder ein schwieriges Kind haben. Ein Kind, das genügend Aufmerksamkeit und Bestätigung bekommt, ist nicht lästig oder aggressiv. So einfach ist das.

Suggestionen: Ich begleite mein Kind bis zur Schwelle seines eigenen Geistes, von dort wird es selber weitergehen. Ich bin das Tor, durch das mein Kind diese Welt betrat. Eine Seele hat mich als ihren Lehrer gesucht. Aber ein Lehrer lernt auch vom Schüler. Ist Leben etwas anderes als austauschen, geben, nehmen? Ich liebe mein Kind, so wie ich zu lieben verstehe. Es hat mich ausgewählt, gerade weil ich noch ein Suchender bin. Es hat mich gewählt, weil es Beispiele dafür brauchte, wie man es macht, aber auch, welche Fehler man vermeiden sollte. Ich bin ich. Und diese Qualität, die sich durch mich ausdrückt, hat mein Liebling bei mir gefunden. Mein Kind lebt zwar bei mir, doch es gehört sich selbst. In Demut und Stolz neige ich mein Haupt, und alles ist gut.

Für Jugendliche mit schwierigen Eltern

Vielleicht ist dein Vater Alkoholiker oder deine Mutter eine wehleidige Frau. Vielleicht streiten deine Eltern von morgens bis abends, oder du bist ein Scheidungskind. In deiner Kindheit warst du der Denkweise, den Handlungen deiner Eltern vollkommen ausgesetzt. Du hast ihre Probleme reflektiert, denn ein kleines Kind ist der Spiegel seiner Eltern. Du hast unter der Disharmonie in deinem Elternhaus gelitten und andere Kinder, denen es besser zu gehen schien, glühend beneidet. Nun ist es an der Zeit, wie Dr. Joseph Murphy es ausdrückt, dein »Königreich zu beanspruchen, denn du bist ein König oder eine Königin über deinen gesamten Wahrnehmungsbereich«. *Alles, was dir jemals von Eltern, Lehrern, Heimerziehern eingeredet worden ist, kann aufgelöst werden.* Der Mensch ist in der Lage, umzulernen, alte Programmierungen zu löschen und neue Programme einzugeben.

Entscheide dich jetzt, in diesem Augenblick, daß du frei bist und daß deine Eltern keine Macht mehr über dich haben.

Besinne dich auf deine Eigenständigkeit, deine Autonomie, deine Individualität. Werde selbständig, wenn du dein Zuhause nicht mehr ertragen kannst. Mit 18 oder 20 wärst du sowieso aus dem Haus gegangen, vielleicht geschieht es jetzt etwas eher. Es ist kein Nachteil, früh auf sich selbst gestellt zu sein, denn es zwingt zum Erfolg. Oft werden Kinder, die verwöhnt und verhätschelt wurden, denen die Eltern alle Schwierigkeiten aus dem Weg räumten, zu »ausgewachsenen« Versagern. Sie glauben ewig, daß andere für ihr Wohlergehen verantwortlich sind und verlieren beim kleinsten Hindernis den Mut. Kinder mit schwierigen Eltern lernen dagegen früh, daß man alle Kraft, die man braucht, aus sich selbst schöpfen kann. Je intensiver der Druck auf dich ist, desto mehr wirst du darauf reagieren. Das mag dir subjektiv sehr weh tun, aber da ist nichts, das gegen dich gerichtet ist, die Situation jetzt trägt alle Elemente in sich, die dich zum Erfolg führen. Schau dir mal Erfolgsmenschen an. Sie kamen meistens aus schwierigsten Verhältnissen, sie mußten sich durchbeißen, und sie konnten sich nur auf ihre eigene Stärke verlassen. Aber *gerade darum* haben sie es geschafft, während die mit dem silbernen Löffel im Mund Geborenen oft im Leben scheitern.

Egal wie schlimm deine Situation ist, nur die Hälfte davon ist schlimm, die andere ist gut. Du hast gelernt, nur die eine Hälfte zu sehen, übe dich darin, auch die gute zu sehen. Aus einer Situation, die du durchstehst, gehst du gestärkt hervor.

Wenn Eltern mit sich und ihrer Ehe Probleme haben, benutzen sie die Kinder oft als Blitzableiter. Dann wird ihnen gesagt, daß sie nichts taugen, daß sie kein bißchen besser als ihr Vater/ihre Mutter sind, da werden Aggressionen am schwächsten Glied der Kette ausgelassen. Als kleines Kind wußtest du nicht, daß die Mutter eigentlich den Vater meinte, wenn sie dich anschrie, du hast das auf dich bezogen und gemeint, daß du eben kein liebenswertes Kind seist, wenn man dich so behandelt. Nun bist du alt genug, um zu erkennen, daß du nicht schuld bist, daß deine Eltern nur ihre eigenen Schwierigkeiten an dir abreagiert haben. *Du kannst alle negativen Suggestionen zurückweisen, denn du weißt, daß sie nichts, aber auch gar nichts mit deiner Person zu tun haben.*

Mach dich einmal mit dem Gedanken vertraut, daß du dir deine Eltern vor der Empfängnis selber ausgesucht hast. Du hast sie dir als ideale Lehrer gewählt. Wenn du die Sache aus dieser Perspektive betrachtest, wirst du lächeln und dich nicht länger als Opfer fühlen. Sag dir: Die Fehler, die ihr macht, liebe Eltern, die werde ich nicht machen. Ich nehme bewußt zur Kenntnis, was bei euch läuft, und nehme es als Gelegenheit, daraus zu lernen. Ich sehe genau, wo ihr ganz großartig und wo ihr ganz schlecht wart. »Niemand ist unnütz, er kann immer noch als schlechtes Beispiel dienen.« Ich entscheide mich jetzt für mich selbst!

Wenn du das schaffst, wirst du nicht dein ganzes Leben herumlaufen und noch als Greis deine Eltern für deine Mißerfolge und dein Unglück verantwortlich machen. Die Vergangenheit hat nur so viel Macht über dich, wie du ihr gibst. Deine Eltern haben nur so viel Macht über dich, wie du ihnen gibst. Entscheide dich für die Freiheit, und du wirst frei sein.

Suggestionen: Ich entscheide mich. Für mich. Meine Lehrzeit erster Teil ist nun beendet. Ich bin ein kreativer Denker und nutze diese Fähigkeit von nun an zu meinem Wohle und zur Freude aller. Ich habe mir einst genau diese Eltern als Lehrer ausgesucht, um zu lernen, wie es geht, und auch, was man alles falsch machen kann. Meine Eltern haben mich durch ihre persönliche Note zur Schwelle meines eigenen Geistes geführt, von wo aus ich allein weiter wandern will. Meine Eltern haben mir von ihrem Verständnis der Dinge gesprochen, doch das Verstehen muß ich selber suchen. Ich bin der Teil meiner Eltern, der weiterlebt, wenn sie gestorben sind. Alles, was ich von ihnen annehmen konnte, lebt in mir weiter, doch nehme ich es auf meine Weise. Die Jahre, die ich bei ihnen war, sind die Flügel, die mich durch die Zeit tragen zu meinem eigenen Ich. Danke Vater. Danke Mutter.

In einer akuten Ehekrise

Eheprobleme entstehen meist, weil von den Eltern diese Rolle, nämlich Eheprobleme zu haben, »vorgespielt« wurde. Wenn die Mutter dazu neigte, jedem Konflikt durch mitleidheischende Kränklichkeit zu entgehen, so wird die Tochter – wenn auch unbewußt – diese Haltung in ihrer eigenen Ehe übernehmen. Wenn der Vater seine Verletzlichkeit hinter Aggressivität versteckte, so wird auch der Sohn dieses Muster wählen. Wenn du Probleme mit deinem Partner hast, dann werde dir also erst einmal klar darüber, ob du nicht einfach eine Rolle spielst, die du von deinen Eltern übernommen hast.

In einer Ehekrise neigt jeder dazu, dem anderen die Schuld an dieser Situation zu geben. Weil *du* untreu warst. Weil *du* zu wenig Rücksicht auf mich nimmst. Weil *du* mit deinem Beruf verheiratet bist. Weil *du* dich ja emanzipieren mußt. Weil *du* böse, gemein, unmoralisch, abscheulich bist. *Ich* dagegen bin unschuldig. *Ich* will nur das Beste für uns beide. *Ich* habe ja wohl noch ein Recht darauf. *Ich* kann ja nichts dafür. *Ich* bin betrogen und ausgenutzt worden... Spielt da etwa wieder jemand die Opferrolle? Erstaunlich nur, mit was für einem nichtsnutzigen Menschen du da verheiratet bist...

Es gibt aus jeder Ehekrise einen sicheren Ausweg: *Ändere du selbst dich, dann, aber wirklich erst dann, wird sich auch der andere ändern.* Alle Probleme, die du mit einem anderen hast, haben ihren Ursprung in dir selbst. Du hast dir nur für dein Theaterstück den passenden Partner gesucht. Es wird dir niemals gelingen, den anderen zu ändern, wenn er selbst es nicht will. Je mehr Druck du ausübst, desto mehr Widerstand wird er leisten, um so mehr Druck mußt du wiederum ausüben..., und so geht es weiter.

Stell dir vor, ihr sitzt beide in einem Segelboot (eurer Ehe). Jeder hängt sich auf seiner Seite weit über Bord, um das Boot im Gleichgewicht zu halten. Je mehr sich der eine hinauslehnt, desto weiter muß sich auch der andere hinauslehnen, um die Gleichgewichtsstörungen auszugleichen, die die Stabilisierungsversuche des anderen verursachen. Das Groteske an dieser Lage ist nur, daß das Boot selbst vollkommen im Gleichgewicht wäre, wenn die beiden es nicht zu stabilisieren versuchten, sondern bequem zusammen darin säßen: Du mußt also *weniger* tun (weniger anklagen, schimpfen, beschuldigen, den anderen verändern wollen), um *mehr* zu erreichen, nämlich »das Boot« wieder mühelos stabil zu halten.

Eine Krise ist auch immer eine Chance zur Wandlung. Frag dich einmal: Was ist an unserer Beziehung überholt, festgefahren, starr, was stellt sich einer lebendigen Entwicklung in den Weg? Eine Ehe ist keine Momentaufnahme, die am Tag der Hochzeit gemacht wird und dann für alle Zeiten gültig ist. Als ihr geheiratet habt, hat der Mann sich vielleicht als Brötchenverdiener und die Frau als Mutter und Hausfrau gesehen. Aber muß das jahrzehntelang so bleiben? Als ihr euch kennengelernt habt, wolltet ihr vielleicht jeden Abend gemeinsam verbringen, aber heißt das, daß man nie mehr allein etwas unternehmen darf? Es gibt bei einer Eheschließung viele – meist sogar unausgesprochene – Vereinbarungen, die erst ans Licht kommen, wenn sie gebrochen werden. Klammere dich nicht an ihnen fest, nur weil du mit zwanzig von ihrer Richtigkeit überzeugt warst.

Das Leben ist ständiger Wandel, was sich nicht wandelt, zerbricht. Also ist es gerade nicht das Festhalten am gewohnten Muster, was die Ehe festigt, sondern die natürliche Veränderung, die Entwicklung. Eine überstandene Krise nützt der Ehe, das bestätigen viele Paare.

Überleg dir, was *du* in eurer Ehekrise tun kannst, welche Einstellungen du überprüfen und verändern mußt. Ist es nur dein gekränkter Stolz, der dich so wütend macht? Ist es deine Angst, verlassen zu werden? Kehre vor deiner eigenen Tür, miste deinen eigenen Augiasstall aus, sieh den Balken in deinem eigenen Auge. Und wenn das jeder für sich tut, habt ihr ganze Arbeit geleistet, die Krise wird überwunden – selbst wenn sie in einer Trennung endet. Du bist in jedem Fall wieder einmal um viele, viele Erkenntnisse reicher.

Suggestionen: Ich liebe meinen Partner. Ich gestatte ihm Freiraum, ich gestatte ihm zu sein, wie er es entschieden hat. Ich sehe unsere Partnerschaft von Liebe und Harmonie erfüllt. Auf meiner Seite ist die Bereitschaft, Freiheit zu geben, sie ist mein Ausdruck von Liebe, zu der ich fähig bin. Alles, was in mir seinen Ursprung hat, kehrt zu mir zurück. Mein Partner hat Vertrauen zu mir, und seine Liebe gibt mir die Kraft, alles Nötige zu tun. Ich bin weich, durchlässig, offen für Gespräche, die zur Klärung beitragen werden. Gott selbst hat uns zusammengeführt, und ich rufe ihn jetzt um Hilfe an. Seine Weisheit soll das Licht sein, das unserem gemeinsamen Pfad leuchtet.

Bei einer Scheidung

Wenn man sich nach reiflicher Überlegung endgültig zu einer Scheidung entschlossen hat, so gibt es nur eine Reaktion darauf: Man soll sich über diesen Entschluß freuen (auch wenn der Partner dabei nachgeholfen hat). Endlich hört dieses Katastrophenverhältnis auf! Endlich bin ich wieder frei! Endlich habe ich wieder Spaß am Leben! Endlich bin ich offen für neue, schöne Begegnungen! Versuch in dem wahrscheinlich jetzt folgenden Finanzstreit der Klügere zu sein. Wenn du es dem anderen finanziell »heimzahlen« willst, wird er das gleiche mit dir tun. Wenn du verständnisvoll bist, wirst du mit Sicherheit vom anderen mehr bekommen. Nehmt einen Anwalt, der freundlich schlichtet und nicht aus dem Anheizen eures Streits Kapital schlägt.

Eine Scheidung gibt dir Gelegenheit, über eine der wichtigsten Tatsachen des menschlichen Lebens nachzudenken: die Trennung. Trennung ist der Gegenpol von Begegnung, Bindung. Das eine ist ohne das andere gar nicht möglich.

Bewußte und in liebevoller Konsequenz vollzogene Trennung bedeutet loslassen können, und das ist etwas, was uns allen unendlich schwerfällt.

Wir neigen dazu, alles, was wir in die Finger bekommen, krampfhaft festzuhalten, aus Angst, wir gingen sonst leer aus. Doch dieses Festhalten an der Vergangenheit, an alten Beziehungen oder gar die Überzeugung, man habe ein »Recht« darauf, etwas oder jemanden zu besitzen, dieses Festhalten *selbst* ist es, das die Probleme schafft. Menschen, die ihren Ehepartner nicht loslassen können, schwelgen in Rache- und Haßgefühlen, ihre Unfähigkeit zur Ausscheidung des Gefühlsabfalls zieht oft Krankheiten der Ausscheidungsorgane (Darm, Nieren oder Leber) nach sich.

Catherine Ponder hat einen Satz in ihrem Buch *Die Heilungsgeheimnisse der Jahrhunderte* geschrieben, den du dir in der Situation einer Trennung einprägen solltest: *»Wenn irgend etwas aus Ihrem Leben verschwindet, ist das immer ein Zeichen dafür, daß etwas Besseres unterwegs ist.«* Immer! Nicht manchmal, selten, zufällig, fast nie – nein, immer! Allerdings kann dieses Bessere nur kommen, wenn du das Alte losläßt. So wie man nur in ein leeres Gefäß ein neues Getränk gießen kann, so kann auch nur eine neue, bessere Partnerschaft beginnen, wenn du dich von der alten, überholten Beziehung frei gemacht hast.

Und nun, wenn du dich von deinem Ehepartner in liebevoller Konsequenz verabschiedet hast, beginnt die nächste Phase deines Lebens. Du hast Fehler in deiner Ehe gemacht, aus denen du gelernt hast, du bist erfahrener, reifer geworden. Du wirst nicht den nächstbesten Partner wählen, du wirst bewußt und in Ruhe suchen, du wirst dir Zeit lassen. Vor allem ältere Frauen neigen oft zur Panik, sie befürchten, daß es da niemanden mehr geben wird. Aber es wird nur dann niemanden mehr geben, wenn du es dir *einredest*.

Stell dir vor, daß du ein Wesen mit allen Chancen bist. Du hast an jedem Finger eine(n), die idealen zehn Partner(innen) stehen schon für dich bereit, sie warten auf dich. Du hast dich in deinen tiefsten Tiefen schon entschieden, doch du bist überhaupt nicht in Eile, du genießt erst einmal deine Freiheit. Du bindest dich erst wieder ganz bewußt, wenn du vollkommen dazu bereit bist. Denk nicht an statistische Wahrscheinlichkeiten über Chancen der Wiederverheiratung, du bist keine statistische Größe, du bist ein Einzelwesen. Miss America oder Mister Universum haben keine größere Chance, glücklicher zu werden als du, denn dein Idealpartner will ja nicht Miss America oder Mister Universum, er will ausgerechnet *dich*.

Sieh auch für den Menschen, mit dem du verheiratet gewesen bist, neue Möglichkeiten, neue Chancen. Auch du warst nicht der ideale Partner für ihn.

Falls du dich nicht so bald wieder binden möchtest, stell dir all die großen Chancen vor, die sich dir jetzt bieten. Du kannst endlich ohne Rücksichtnahme auf die Familie beruflich Karriere machen. Du kannst eine Weltreise unternehmen. Du kannst ein Jahr ins Ausland gehen. Du kannst ungestört meditieren...

Manche Menschen reifen in einem Jahr Alleinsein mehr als in zehn Jahren Ehe. Denk dran: Auch eine Scheidung ist ein Problem, das du dir selbst zum Geschenk gemacht hast, um neue Erkenntnisse zu gewinnen. Der »Blick zurück im Zorn« macht dich leiden. Und wolltest du nicht versuchen, ohne Leiden zu lernen?

Suggestionen: In unserer Trennung liegt die Hoffnung auf Freiheit. Um sie dir und mir zu gewähren, entlasse ich dich heute liebevoll aus meinem Leben. Etwas Gutes, ja etwas sehr Gutes ist für dich und mich unterwegs, und wir wollen beide bereit sein, es zu empfangen. Das Leiden, das wir uns gemeinsam schafften, hat uns ausgehöhlt, und dieser Raum will sich jetzt mit Freude füllen.

Freude und Leid kommen aus derselben Quelle, haben ihren gemeinsamen Ursprung tief in unserem Innern. Ich danke dir für die guten und auch für die weniger guten Stunden an deiner Seite. Unsere Freude und unser Leid hat uns beide wachsen lassen, so daß wir jetzt loslassen können und jeder für sich dem eigenen Glück entgegengeht. Ich will gerne an die gute Zeit mit dir zurückdenken und wünsche dir von Herzen alles Gute. Lebe wohl, ein gütiges Schicksal läßt unsere Wege jetzt auseinandergehen.

Einsamkeit

Einsamkeit ist selbstgewähltes Leid, ist Beschränktheit im Denken, ist ein ganz und gar freiwilliger Rückzug aus der Welt. Vielleicht warst du schon ein einsames Kind, deine Eltern schenkten dir zuwenig Aufmerksamkeit, du durftest nicht mit den »Schmuddelkindern« spielen, du wurdest nur gelobt, wenn du dich allein in dein Zimmer zurückgezogen hattest. Doch nun bist du erwachsen, und kein Mensch zwingt dich mehr in die Isolation. Selbst wenn du keine Familie hast und im Altersheim wohnst, mußt du nicht einsam sein: Im Zimmer neben dir und im Zimmer über dir und im Zimmer unter dir hoffen andere Menschen, daß du an ihrer Türe anklopfst, einen gemeinsamen Spaziergang vorschlägst oder nur eine Tasse Kaffee trinken willst.

Wer zu Hause sitzt und sagt: »Ich habe niemanden«, der bringt sich selber in diese Situation. Es gibt so viele, die nur darauf warten, angesprochen zu werden. Geh einmal am Wochenende in die Parks, da sitzen viele, viele Menschen auf den Bänken, junge und alte, die gerne mit dir ins Gespräch kommen würden. Wenn alle darauf warten, daß der andere den ersten Schritt tut, passiert nie etwas. Also sei du derjenige, der guten Tag sagt und übers Wetter redet – bald wird mehr daraus, und wenn nicht, versuchst du es beim nächsten.

Einsamkeit ist vielleicht das illusionärste Gefühl, das man überhaupt haben kann. Denn kein Ding, kein Wesen auf dieser Welt ist isoliert von seiner Umwelt. Fühl mal in dich hinein. Du stehst in ständigem Austausch mit allem, was um dich herum ist. Du atmest die Luft, du spürst die Sonnenstrahlen auf deiner Haut, du gehst auf jemanden zu, du weichst ihm aus, du sprichst, du hörst, du empfängst die Gedanken anderer, du sendest Gedanken an andere aus. *Wir alle sind Teil eines kosmischen Ganzen, wir können überhaupt nur in der Wechselwirkung existieren.* Du stehst in ganz bestimmten Zusammenhängen in deinem Leben, und wenn du die Beziehungen, die du zu anderen hast, nicht wahrnimmst, dann kannst du niemals du selbst werden.

Oft wird der Schmerz der Einsamkeit hinter Kälte und Hochmut versteckt oder zu einem besonderen Gütezeichen hochstilisiert. Vor allem Männer sehen sich gern in der Rolle des einsamen Wolfes, wenn sie in Wahrheit nur unfähig zu echten Bindungen sind. Erkenne deine wahre Natur, dann löst sich deine Einsamkeit wie Nebel in der Sonne auf. Streck deine Arme nach anderen aus, gerade weil du weißt, wie weh es tut, nicht beachtet zu werden. Reiß die Mauer um dich herum ein und hoffe nicht, daß das andere tun. Schlag dir einen Weg durch die Dornenhecke und warte nicht hundert Jahre darauf, daß ein Prinz dich wachküßt.

Du kannst auch sehr einsam sein, wenn du oberflächlich keine Kontaktschwierigkeiten hast. Ja, vielleicht bist du sogar der Aufreißertyp, der ständig beweisen muß, was für ein toller Hecht er ist. Dann geh einmal in einer ruhigen Stunde tief in dich hinein und frag dich, wovor du Angst hast. Ist es die Angst, zurückgewiesen zu werden? Wenn man nicht viel einsetzt, riskiert man nicht viel, und wenn oberflächliche Beziehungen zerbrechen, tut das nicht so weh, als wenn man sich wirklich auf jemanden eingelassen hat. Laß, für den Anfang nur vor dir selbst, einmal die Maske des Coolen fallen und geh dem tiefen Schmerz in deinem Innern nach. Vielleicht hat dich deine Mutter als Kind immer wieder von sich weggeschoben und du hast dir geschworen, daß dir so etwas nie wieder passieren wird?

Aber jetzt bist du soweit, daß deine Maske dein Selbst zerstören wird, wenn du sie nicht fallen läßt. Die Erkenntnis, daß du in Wahrheit einsam bist, ist der erste Schritt, diese Einsamkeit zu überwinden.

Und nun klappe dieses Buch vorübergehend zu und tue etwas *ganz Konkretes* gegen deine Einsamkeit. Ruf den Menschen an, auf dessen Anruf du wartest. Bring der Nachbarin ein Stück selbstgebackenen Kuchen vorbei. Geh ins nächste Café und fang ein Gespräch mit einem Unbekannten an. Tu irgend etwas, das deinen Sehnsüchten entspricht. Nicht morgen oder bald, sondern *jetzt, sofort!*

Suggestionen: Ich bin Kommunikation, Austausch, Geben und Nehmen. Ich bin ständig in intensiver Wechselbeziehung mit allem, was geschieht. Ich bejahe diese Tatsache, ich unterstütze sie. Ich sitze auf einer Bank im Sonnenschein und fühle, daß ich eins bin mit allem. Die Landschaft, die Blumen, die Bäume, ich – wir sind gemeinsamen Ursprungs. Ich, alles, ist der »Eine« in der Erscheinungsform des Vielfältigen. Alle Menschen, die vorübergehen, tauschen mit mir aus: Blicke, Gedanken, einen Gruß, Worte. Ich lächle, das Lächeln kehrt zurück. Wenn jemand kein Lächeln hat, leihe ich ihm eins von mir. Ich bin im Gespräch mit den verschiedenen Erscheinungsformen des Ganzen, mit der Sonne, dem Wind, der Blume dort drüben, dem Vogel vor mir. Gott liebt mich und dich. Ich öffne mich, ich sage ja zum Leben. Ich sage ja zu mir. Alles andere folgt von allein. Gut, daß es mich gibt.

Im Krankenhaus

Kranksein ist Ausdruck von Disharmonie, egal ob nun im Körper, der Seele oder im Geist. Ursprung körperlicher Krankheit sind fast ohne Ausnahme seelische Spannungen, die nicht abgeleitet wurden. Gefühle, die wir nicht (aus-)leben, addieren sich zu Aggressionen, die dann ihre Auswirkungen sowohl im Körperlichen als auch im

Seelischen haben (Psychosomatik). Über dieses Gleis entstehen, mit hinzukommenden anderen Komponenten, mehr oder weniger alle nicht erwünschten Ereignisse im menschlichen Körper.

Wir haben als Kinder sehr oft Kopfschmerzen, Bauchschmerzen und Gott weiß was alles gehabt, weil wir herausgefunden hatten, daß wir dann mehr Zuwendung erhielten. Da tat nichts weh, aber wir merkten, daß wir mit Krankheit etwas erreichten: Schokolade, gestreichelt werden, Mitgefühl. Wir mußten keine Hausaufgaben machen und nicht in die Schule gehen. Dieser Trick hat sich automatisiert. Das Kind, das bei allen möglichen und unmöglichen Situationen Krankheit, Unwohlsein vorgaukelt, ist immer noch in uns. Doch wenn wir erwachsen sind, merken wir, daß unsere Familie kaum noch reagiert, wenn wir nur ein bißchen krank sind, und so schalten wir in den nächst höheren Gang um: Wir bekommen eine schwere Krankheit, die uns ins Krankenhaus bringt.

Wenn du ins Krankenhaus kommst, hast du für ein paar Tage die volle Aufmerksamkeit aller. Deine Freunde sind besorgt, die Ärzte bemühen sich um dich. Ist das nicht ein Genuß? Doch mit der Zeit läßt die Aufmerksamkeit nach, deine Freunde haben andere Probleme, die Ärzte andere Patienten. Genau an diesem Punkt, wo du beginnst, dich im Krankenhaus zu langweilen, genau da setzt deine Heilung ein. Du beginnst dich danach zu sehnen, zu Hause zu sein. Du fängst an, dir vorzustellen, wie es ist, zu Hause gepflegt zu werden. Solltest du zu Hause nach acht Tagen gründlicher Pflege langsam weniger Aufmerksamkeit auf dich lenken können, beginnt eventuell das Spiel von vorne…

Jede Krankheit ist eine Geisteskrankheit. Wenn das geistige Prinzip von Gesundheit und Harmonie gestört ist, löst das im Körper krankhafte Zustände aus, aber das ist erst die *Folge*. Die *Ursache* ist seelische Disharmonie, und deshalb kann man Krankheit nur überwinden mit Gedanken der Gesundheit. Hier liegt das Problem der traditionellen Schulmedizin. Sie beschäftigt sich mit Krankheiten statt mit der Gesundheit, und auf diese Weise schafft und nährt sie Krankheiten. Krankheit ist nichts Eigenständiges, nichts wirklich Existentes. Krankheit ist ein Schatten in deiner Seele. Sie ist ein Mißverständnis. Krankheit ist Kränkung der Schöpferkraft, Krankheit ist mangelndes Bewußtsein, ist Mangel im Geiste. Dein Körper »vergrößert« deine seelischen Probleme, angefangen bei vegetativen Unstimmigkeiten über Neurosen und organische Fehlfunktionen bis zu lebensbedrohenden Krankheiten, bis zur Unheilbarkeit. Doch auch die Diagnose »unheilbar« ist keineswegs absolut gültig. Dr. Joseph Murphy sagt: »Es gibt keine unheilbaren Krankheiten – es gibt nur unheilbare Menschen, d. h., es sind jene, die glauben, daß sie nicht geheilt werden können; und was sie glauben, geschieht ihnen auch.«

Laß dich nicht symptomatisch behandeln, denn Symptombehandlung führt nur zur Symptomverschiebung. Die beste Möglichkeit, gesund zu bleiben – oder wenn du nun schon im Krankenhaus bist, gesund zu werden –, ist einfach und kostet nichts: Täglich ein- bis zweimal in die Stille gehen, meditieren, loslassen, keinen Widerstand bieten, zulassen, geschehen lassen. Sei die weiße Wolke, die irgendwo hingeweht wird, und wo immer sie ist, dort ist ihr Ziel. Dein Intellekt wird sich dagegen sträuben, mit so einem »Humbug« gegen so etwas Ernstes wie eine schwere Krankheit anzugehen. Doch dein höheres Selbst weiß es besser.

Erwarte nicht, daß dein Arzt deine Krankheit heilt. Er ist nur ein Werkzeug, er ist dazu da, deinem inneren Arzt zu helfen. Laß dich nicht von der Schwere der Krankheit beeindrucken, alle Krankheiten werden im Krankenhaus zunächst schlimmer. Ignoriere das bedenkliche Kopfschütteln der Ärzte, denn es drückt nur aus, daß die *Schulmedizin* ihre Grenzen erreicht hat. Du aber weißt, daß dein innerer Arzt weiser ist.

Wenn du im Krankenhaus liegst, beschäftige dich nicht mit deiner Krankheit, male dir deine Gesundheit aus. Sieh dich zu Hause herumspringen, du bist glücklich und fühlst dich wohl. Deine Familie und deine Freunde freuen sich mit dir, sie gratulieren dir zu deiner Gesundheit, sie kochen dein Lieblingsessen, sie reden mit dir, gehen auf dich ein, sie unternehmen etwas mit dir. Oder du siehst dich irgendwo im Urlaub auf einer Wiese sitzen, am Strand spazierengehen, du genießt die Natur, du bist in Harmonie mit der Schöpfung. Denk immer an das Ziel, nicht an mögliche Komplikationen. Geh mit der Lösung zu deinem höheren Selbst. Sobald sich dein Geist in angstvollen Visionen von Leid und Schmerz bewegt, rufe ihn zur Ordnung. Brich die negativen Gedankenketten ab, immer wieder. Die Sehnsucht nach dem Endzustand der Gesundheit ist das Hauptelement der Genesung, jede Beschäftigung mit der Krankheit stärkt nur die Krankheit. »Glaube heilt jede Krankheit«, sagte schon Paracelsus, und du hast nun im Krankenhaus genügend Muße, diesen Glauben zu entwickeln. Glaube an die Gesundheit, nicht an die Krankheit, und du wirst gesund werden.

Suggestionen: Vollkommene Gesundheit erfüllt mein ganzes Sein. All mein Trachten, all mein Streben ist auf dieses Ziel gerichtet. Ich beschäftige mich von nun an mit meinen Zielen. Mit dem, von dem ich will, daß es ist. Ich weiß, was Gesundheit ist. Ich meditiere darüber, ich denke nach, ich spreche darüber. Alles, was auf diesen Wunsch ausgerichtet ist, ist mir willkommen. Kosmos heißt Harmonie, und Harmonie drückt sich in der gesamten Schöpfung aus, auch in mir. Ich bin in Harmonie mit mir und dem Schöpfer. Ich lasse geschehen, daß die vollkommene Heilkraft durch mich wirkt, sich in meinem Körper, meinem Geist ausdrückt. Vollkommene Gesundheit vollzieht sich jetzt, sie manifestiert sich als Schönheit, Friede, Schöpferkraft und Harmonie in mir und um mich. Ich weiß, Gott ist da, er will bei mir sein. Danke.

Wenn du jemanden haßt

Einer der größten Zen-Meister, Lin-Chi, erzählte gerne folgende Geschichte: Eines Tages fuhr er mit einem kleinen Boot auf einen See hinaus. Er saß mit geschlossenen Augen da und ließ sich treiben, als plötzlich ein anderes Boot an seines stieß. Lin-Chi dachte: Da hat mich jemand angerempelt! Er öffnete die Augen und wollte gerade den Mann im anderen Boot beschimpfen, als er sah, daß dieses Boot leer war. Aber an einem leeren Boot seine Wut auszulassen, erschien ihm unsinnig. Und dann kam ihm eine große Erkenntnis: *Jedes* Boot, das dich anrempelt, ist leer! Die Wut, die du hast, ist in dir, und nur dort kannst du sie auflösen. Du bist die Quelle von allen Gefühlen, positiven oder negativen, die du anderen entgegenbringst. Bei den liebevollen Empfindungen sind wir eher bereit, das zu akzeptieren, weil es uns schmeichelt. Aber du bist auch der Urheber deiner Aggressionen, deiner Wut, deines Hasses.

Aggressionen entstehen aus nicht ausgelebten Gefühlen, aus aufgestauten Frustrationen. Um ein so starkes Gefühl wie Haß gegen jemanden zu entwickeln, mußt du lange Zeit deine negativen Gefühle gegen ihn verdrängt haben. Daraus entstehen dann auch die für Außenstehende oft unverständlichen Gewalttaten, die »aufopfernde« Mütter oder brave Ehemänner begehen.

Gib niemals an das Objekt deines Hasses die Verantwortung für dieses Gefühl ab. Wenn du das tust, wirst du dich ohnmächtig fühlen und deshalb noch mehr hassen. Spürst du Haß, so wende dich nicht dem Objekt dieses Hasses zu. Geh dahin, wo der Haß herkommt. Geh zu dem inneren Punkt, an dem der Haß entsteht, geh zum Zentrum. Haß hat keine eigene Realität, er ist nur ein Schatten. Frag einen anderen, wie er den von dir gehaßten Menschen sieht, und er wird ihm vielleicht vollkommen gleichgültig oder gar sympathisch sein.

Du haßt im anderen deinen eigenen Schatten, deine eigenen abgelehnten Eigenschaften oder die Eigenschaften, von denen du glaubst, daß du sie überwunden hast.

Nur ein seelisch unreifer Mensch empfindet Haß, denn Haß ist Mangel an Bewußtsein. Haß ist Abwesenheit von Liebe, an der Stelle, wo keine Liebe ist, ist ein schwarzer Fleck: der Haß. Wir hassen nur, was wir nicht kennen. Haß ist selbstzerstörerisch. Er zerstört weniger das Objekt, auf das er gerichtet ist, sondern denjenigen, der haßt. Das negative Gefühl ist in *dir* und schadet *dir*. Das Objekt reflektiert deinen Haß, und du bekommst tausendfach zurück, was du ausgesandt hast. Wenn du Wind säst, wirst du Sturm ernten. Somit vergrößern sich deine negativen Empfindungen noch, anstatt zu verschwinden. *Wer haßt, sollte sich der Gefahr bewußt sein, in der er schwebt.* Wenn er zu der Erkenntnis kommt, daß er sich selbst und nicht etwa den anderen mit Hassen zerstört, wird er damit aufhören. Moralische Appelle nützen gar nichts, solange diese Erkenntnis nicht zu dem Hassenden durchgedrungen ist. Vielleicht mußt du erst so richtig in den Haß hineingehen, ihn durchleben, um dich von ihm lösen zu können.

Versuche nie, Aggressionen in dir zu unterdrücken, sie werden dadurch nur größer. Laß sie zu, aber bearbeite sie *in dir*, reagiere sie nicht blind an anderen ab.

Stell dir vor, jemand hat dich beleidigt. Wut steigt in dir hoch, du könntest ihn »umbringen«. Deine Wut strömt dem Menschen entgegen, der dich beleidigt hat. Doch was hat er eigentlich getan? Er hat dich nur angestochen, er hat einen Knopf bei dir gedrückt, deiner Wut dazu verholfen, aufzusteigen, er hat sie aus dir herausgelockt. Aber die Wut ist *deine* Wut, weil du sie empfindest. Ginge er zu Jesus, würde der ihm die andere Backe hinhalten. Spuckte er einen Buddha an, so würde er nur ein Lächeln ernten.

Der andere kann nur aus dir herausholen, was schon in dir ist, und wenn du deine Gefühle für noch so »real« gerechtfertigt hältst. Vielleicht ist der andere ein böswilliger Mensch, aber was kann dir das anhaben, wenn du voller Liebe bist? »Kümmere dich nicht um die Dummheit der anderen, kümmere dich um deine eigene«, pflegte der Yogi Sri Aurobindo zu sagen, wenn sich seine Schüler über andere Menschen beschwerten. Unwissenheit ist Ursprung von Haß, Not, Leiden.

Wenn du dich selbst änderst, werden sich auch die Erfahrungen, die du mit anderen machst, ändern. Wenn du haßt, triffst du auf hassende Menschen, wenn du liebst, triffst du auf liebende Menschen. Wann treffen wir uns?

Suggestionen: Liebe ist verzehrendes Feuer, das alles, was ihm entgegensteht, auflöst. Gott ist Freude, deshalb hat er die Sonne vor mein Haus gestellt. In mir sind Freude, Liebe, Güte, Verständnis, guter Wille, Toleranz, Verständigungsbereitschaft die vorherrschenden Charaktereigenschaften. Jede einzelne löst ihr Fremdes auf. Einen Menschen zu lieben, heißt, ihm zu sagen, daß er unsterblich ist. Ich meditiere über das Zeitlose in mir und erfahre eine Zunahme inneren Bewußtseins. Mein Gott ereignet sich in diesem Werden. Es ist ein unbegrenzter Zustand immer tiefer werdenden Friedens, der alle früheren Schwellen gegenstandslos werden läßt. Alles, was ich an mir oder anderen überwinden will, lasse ich los. Ich gestatte dem Guten in mir oder anderen, daß es geschieht. Ich begegne dem Komplizierten einfach. Was ich verändern will, überwinde ich durch Gutes-Tun.

Wie du der Negativität anderer begegnest

Wir alle sind als Kinder durch negative Äußerungen – man kann es auch Erziehung nennen – kleiner gemacht worden, als wir sind. Da hat jemand, dem wir Autorität gaben, gesagt: »Aus dir wird nie etwas. Du wirst jeden Tag dümmer und dümmer. Das kannst du nicht. Du bist nicht hübsch genug. Du bist nicht artig genug. Du bist ein Versager.« Heute nehmen wir diese Behauptungen scheinbar nicht mehr ernst, doch unsere Sicherheit ist nur oberflächlich. Tief innen haben wir schwere Minderwertigkeitsgefühle. Und immer, wenn eine neue Aufgabe, ein neuer Mensch auf uns zukommt, flüstert eine Stimme in uns: »Das schaffst du nie. Du bist nicht attraktiv genug. Das kannst du nicht...« Nur ganz wenige Kinder werden beglaubigt, die meisten werden überwiegend bezweifelt.

Nun kannst du für den Rest deines Lebens herumlaufen und deine Eltern für deine Mißerfolge verantwortlich machen, doch dadurch löst sich der »negative Bann«, der über dir liegt, nicht auf. Im Gegenteil. Je mehr du deine Eltern anklagst, desto mehr bestätigst du gerade ihre Aussagen über dich. Um dich aus der Negativität zu befreien, mußt du deine Eltern loslassen, in Frieden entlassen. Sie haben dir all diesen Mist um die Ohren gehauen, weil sie *ihre eigene* Negativität auf dich geworfen haben, weil sie nicht wußten, was sie damit anrichten. Keinesfalls aber sind ihre Urteile über dich wahr, die düsteren Prophezeiungen über deine Zukunft erfüllen sich nur insoweit, als du Ihnen erlaubst, sich zu erfüllen.

Alles hat nur die Macht, die ich ihm verleihe. Jede negative Äußerung eines anderen über mich hat also nur die Macht, die ich ihr verleihe. Oder, wie Dr. Joseph Murphy es ausdrückt: »Ihr Unterbewußtsein akzeptiert von zwei Ideen jeweils die dominierende.« Eine wirklich selbstbewußte Frau wird deshalb nur lachen, wenn man sie eine »Emanze« schimpft, oder ein erfolgsgewohnter Geschäftsmann mit einem unerschütterlichen Vertrauen in sich selbst amüsiert sich nur, wenn man ihn einen Versager nennt.

Stell dir vor, negative Suggestionen werden in einer fremden Sprache gesprochen. Sie erreichen dich einfach nicht, die Botschaft kommt bei dir nicht an. Was nicht zutrifft, trifft nicht, was nicht trifft, trifft nicht zu. Ein Sprichwort sagt: »Nur wem der Schuh paßt, zieht ihn sich an.« Und ein anderes: »Was kümmert es den Mond, wenn ihn ein Hund anbellt.« Oder, noch drastischer: »Was kratzt es die Eiche, wenn sich die Sau an ihr reibt.«

Sei jemand, der auf negative Schwingungen nicht reagiert, der keinen Resonanzboden für sie abgibt. Wenn dich jemand dumm anredet, dann schau um dich und sag: »Mit wem hast du gesprochen? Ich sehe niemanden.«

Andererseits kannst du an der Art, mit der du auf negative Urteile anderer reagierst, sehr gut deine schwachen Punkte erkennen. Gehst du senkrecht an die Decke, wenn jemand dir vorwirft, daß du geizig bist? Dann glaubst du im Grunde, daß du geizig *bist*. Wirst du stinksauer, wenn dir jemand sagt, daß du nicht ganz richtig im Kopf bist? Dann hast du im geheimen genau diese Befürchtung...

Wie kannst du nun erreichen, daß der andere aufhört, seine negativen Suggestionen über dich zu ergießen? Indem du ihm mit Freundlichkeit begegnest, indem du liebevoll auf ihn zugehst. Jeder Mensch, auch wenn er boshaft ist, möchte im Grunde Freunde haben. Ein aggressiver Mensch wird sofort besänftigt, wenn man ihm mit *echter* Freundlichkeit begegnet. Manchmal kann man in der U-Bahn erleben, wie ein älterer Mensch einen Jugendlichen wegen irgendeiner Kleinigkeit anschnauzt. Schnauzt der Jugendliche zurück, ist bald der schönste Streit im Gang. Antwortet er aber nett und sanftmütig, grummelt der »Böse« nur noch kurz vor sich hin und lächelt dann oder entschuldigt sich gar.

Wenn deine Freundlichkeit echt ist, löst sie jede Aggression auf, denn die Liebe löst alles auf, was ihr nicht gemäß ist. Falls das nicht geschieht, war deine Freundlichkeit nur ein Trick, nicht ernst gemeint und somit völlig wertlos. Ein Trick nur.

Unterwirf dich auch nicht gedankenlos dem Massengeist. Der Massengeist ist grundsätzlich negativ und von der lüsternen Erwartung des Schlimmsten geprägt. Diese Mentalität verbreitet Angst, Haß und Krankheit. Befreie dich von diesem Sog nach unten, eine Meinung wird nicht dadurch richtiger, daß eine Milliarde Menschen sie vertritt. Werde ein originaler Denker, käue nicht die Vorurteile anderer wieder. Denke Gedanken der Liebe und der Freude, des guten Willens und der Friedfertigkeit, auch wenn die Mehrheit pessimistisch denkt. Solange du dich nicht aus der negativen Aura der Mehrheit löst, wirst du auch das Schicksal dieser Mehrheit erleiden: Krankheit, Unglück, Einsamkeit, Armut.

Du bist der einzige Denker, der einzige Schöpfer in deinem Universum. Gib diesem Universum die Gestalt, die du ersehnst. Du hast die Macht dazu, nur du allein. Aber: Du hast *nur* die Macht, die du ergreifst.

Suggestionen: Positiv ist oft nur eine Frage der Perspektive, von der aus ich einen Sachverhalt betrachte. Ich entscheide mich jetzt ein für allemal, nach dem »Pro« in jeder Situation zu suchen. Ich weiß, Gott nannte die Schöpfung gut, sogar sehr gut. Ich messe ihr keine anderen Werte zu, als der Schöpfer selbst es tat. Ich weiß, das Außen ist zu mir zurückkehrendes Innen. Mein Erleben der Persönlichkeitsmerkmale anderer ist also nur die Spiegelung meiner eigenen gegenwärtigen oder vergangenen Wesensmerkmale. Ich lächle den anderen an, der Spiegel für mich ist. Dieses Lächeln verzaubert sofort meine Gefühle zum Besten. So wie ich in einem Spiegelirrgarten lachend Verzerrungen meines Äußeren betrachte, so lächle ich auch jetzt meine Vergangenheit an. Wenn ich mein Tun in der Gegenwart rechtfertigen kann, wird mir in Zukunft die Vergangenheit keine Belastung mehr sein. Gott liebt mich und dich.

Wie du anderen helfen kannst

Fast jeder hat schon mal erlebt, wie der Ehepartner, ein Verwandter, ein Freund in einer verzweifelten Situation war. Du hast dich ohnmächtig gefühlt und nichts so sehr ersehnt, wie alle Macht der Welt zu haben, um diesem Menschen helfen zu können. Dieses Gefühl der Ohnmacht ist realistisch, ja man kann es sogar noch härter sagen: Es ist anmaßend, zu glauben, man könnte das Leid eines anderen auflösen.

Die einzige Möglichkeit, einem anderen zu helfen, besteht darin, ihn zu lehren, wie er sich selber helfen kann. »Es ist gut, wenn du einem Hungernden einen Fisch gibst, aber besser ist es, wenn du ihn das Fischen lehrst.« Du hilfst einem anderen, indem du ihn mit den geistigen Gesetzen vertraut machst. Sag ihm etwa folgendes: »Du kannst begreifen, daß du selber der Verursacher deiner Situation bist. Hör auf, die Umwelt dafür verantwortlich zu machen und dich als Opfer zu fühlen. Sicher hat die Umwelt einen Anteil an deinen Problemen. Sie ist wie ein Spiegel, der reflektiert. Das, was du in diesen Spiegel hinein entläßt, kommt zu dir zurück. Also ist nicht der Spiegel der Urheber der Probleme, sondern du selbst bist es. Du hast dir diesen Schicksalsschlag ausgesucht, um aus deinem Leiden Erkenntnis zu gewinnen. Wenn du zu der Erkenntnis gekommen bist, die in diesem Geschehen auf dich wartet, so wirst du frei sein von Leiden. Wenn du aber noch nicht bereit bist, ohne Leiden zu lernen – und das sind wir fast alle noch nicht –, so mußt du auch durch diese Erfahrung hindurchgehen.« Ursache allen Leidens ist das Werden.

Vielleicht reagiert dein verzweifelter Verwandter oder Freund empört und beleidigt auf deine Erklärungen. Er hat Mitleid, also Mit-Leiden erwartet. Doch gib ihm nicht, was er will, denn es wird ihm nichts nutzen. Das wäre eine falsch verstandene Solidarität. Wenn jemand im Sumpf versinkt, rettest du ihn nicht dadurch, daß du in den Sumpf gehst und mit ihm zusammen untergehst, sondern du mußt festen Boden unter den Füßen behalten, um ihn herausziehen zu können. Norman Vincent Peale berichtet in einem seiner Bücher von einem Mann, der anderen in den verfahrensten Situationen immer wieder Mut machte. Sein Motto war: »Ich habe noch nie ein Problem gesehen, das nicht irgendwo einen schwachen Punkt gehabt hätte!« Ermutige den, dem du helfen willst, den »schwachen Punkt« seines Problems zu sehen, das heißt, den Ansatz, der positiv ist, der die Möglichkeit der befreienden Erkenntnis in sich birgt.

Auf eine besonders harte Probe wird ein »Helfer« gestellt, wenn ein Mensch ihm gegenüber Selbstmordabsichten äußert. Hier mußt du zuerst überlegen: Reichen meine Fähigkeiten aus, um die unmittelbare Gefahr abzuwenden? Wenn nicht, wende dich an andere – zum Beispiel einen Therapeuten –, die Erfahrung mit dieser Situation haben. Lerne bei wiederholten Selbstmorddrohungen zu unterscheiden, ob dich der andere nur manipulieren und erpressen will. Wenn du erpreßt wirst, sag ihm, daß er damit aufhören kann, weil du dich nicht erpressen läßt. Wenn er sich wirklich umbringen will, wird er es ohnehin tun, denn du kannst nicht vierundzwanzig Stunden auf ihn aufpassen. Die Reaktion auf deine scheinbare Härte wird zunächst große Wut sein, denn du hast dem anderen seine beste Waffe aus der Hand geschlagen – aber dann wird die Wahrscheinlichkeit, daß er sich tatsächlich umbringt, um vieles kleiner sein!

Bring den anderen dazu, daß er dir etwas zurückgibt für deine Hilfe, denn wenn du ewig die Rolle des Helfers und er ewig die Rolle des Bedürftigen spielt, werdet ihr euch bald nicht mehr mögen. Du wirst ausgelaugt und aggressiv und der andere wird dir, auch wenn er das Gegenteil beteuert, nicht dankbar sein. Ein Bettler haßt die Hand, die ihm gibt, weil sie ihm sein Bettlersein immer wieder vor Augen führt.

Die Hilfe zur Selbsthilfe – auch in den Entwicklungsländern jetzt als die wahre Hilfe entdeckt – erkennt an, daß jeder Mensch für sich selbst verantwortlich ist. Und das ist auch die einzige Art, ihm seine Würde zu lassen.

Wenn du positive Gedanken zu jemandem schickst, dann tust du sicherlich etwas Gutes – in erster Linie aber für dich selbst. Es sind positive Gedanken, die *in dir* sind, also dich erfüllen. Dann verläßt dich ein Drittel oder ein Viertel dieser Gedanken, um zum anderen zu gehen. Die positive Energie wird dadurch nicht weniger – nur was vom anderen davon angenommen wird, das kannst du nicht beeinflussen, das ist die Entscheidung eines jeden einzelnen. Jeder hat das absolute »Hausrecht« darüber, was ihm geschieht.

Also: Lehre den anderen, positiv zu denken. Lehre ihn fischen, auf daß er immer satt werde.

Suggestionen: Ich bin Bewußtsein. Meine Intuition läßt mich den Schlüssel finden zum geheimen Ort des Allerhöchsten. Hier erhalte ich Rat und Weisheit, meinem Mitmenschen so zu helfen, wie es für ihn am besten ist. Ich finde die Worte, die mein Gegenüber erreichen, sein Herz berühren und ihm helfen, sich selbst in Liebe anzunehmen. Ich will zu ihm von Gottes Weisheit, seiner Liebe und Güte sprechen. Ich versuche ihm zu vermitteln, auch in dem momentanen Geschehen die Gerechtigkeit und die Klugheit des Schöpfers zu erkennen! »Alles, was mir geschieht, ist optimal und auch individuell auf mich abgestimmt. Wie ich das Ereignis interpretiere, so ist es auch für mich.« Ich weiß, Gott liebt mich, und alles, was mir widerfährt, ist dazu da, mir als Richtungskorrektur auf meinem Wege zu ihm zu dienen.

Vor Prüfungen

Prüfungen werden von vielen Menschen als extremer Streß empfunden. Nächtelang träumen sie vorher davon, wie sie die Prüfung nicht bestehen, daß sich alle über sie lustig machen und man sie in Schande davonjagt. Prüfungsangst hat nahezu nichts damit zu tun, wie gut man fachlich auf die Prüfung vorbereitet ist. Manchmal gehen schlecht vorbereitete Kandidaten ganz locker und unbelastet in die Prüfung und erzielen gute Ergebnisse, und sehr oft bestehen sehr gut Vorbereitete eine Prüfung nicht, weil sie wie blockiert sind und plötzlich nichts mehr von dem wissen, was sie gelernt hatten.

Prüfungen sind für uns eine so große Belastung, weil wir uns als Kind ständig Prüfungen ausgesetzt fühlten: »Jetzt mach das mal, ich komme dann gleich und gucke mir an, ob du es richtig gemacht hast.« Und fast immer nörgeln die Erwachsenen dann an dem Ergebnis herum. Aus der Kritiksucht der Erwachsenen entwickelt das Kind die Angst, etwas falsch zu machen. Und in dem Maße, wie das Kind geängstigt und das Vertrauen in seine Fähigkeiten unterhöhlt wurde, hat der erwachsene Mensch später Angst vor Prüfungen.

Es nützt nichts, Tag und Nacht bis zur völligen Erschöpfung zu lernen, denn deine Angst wird in der Prüfungssituation ja gerade dieses Wissen blockieren. Bereite dich so vor, daß du ein gutes Gewissen hast, mindestens ebenso wichtig aber sind »vertrauensbildende Maßnahmen«: Wenn du dir deines Könnens, deiner Fähigkeiten bewußt wirst, verschwindet deine Angst, und du kannst leicht und mühelos die Informationen wieder abrufen, die du vorher gespeichert hast.

Wenn eine Prüfung unmittelbar (in ein paar Wochen) bevorsteht, und du weißt dir in deiner Panik absolut nicht mehr zu helfen, komm in Hypnosetherapie. Wir haben großartige Erfolge gerade mit der »Krankheit Prüfungsangst«. In weniger schlimmen Fällen kannst du dir selbst durch Autosuggestion helfen.

Verbanne ab sofort alle selbstquälerischen Phantasien, in denen du stumm vor den Prüfern sitzt, oder ähnliches aus deinem Kopf. *Ein Entspannungstraining ist für dich außerordentlich wichtig.* Die halbe Stunde täglich, die du in Entspannung zubringst, ist nützlicher als drei Stunden büffeln. Mach dir auch die Erste-Hilfe-Atmung zunutze: Wenn du auf dem Gang vor dem Prüfungsraum stehst, atme ein paarmal ganz tief und bewußt durch.

Imaginiere schon Wochen vor der tatsächlichen Prüfung deine Prüfungssituation, genauer, dein ersehntes Prüfungsergebnis. *Stell dir das Ergebnis, das du dir wünschst, vor.* Sieh dich vor den Prüfern sitzen und jede Frage präzise beantworten. Dann erfährst du das Prüfungsergebnis und springst vor Freude in die Luft. Es ist noch viel besser, als du erhofft hattest. Feiere in Gedanken das Fest zur bestandenen Prüfung mit deinen Freunden, laß jeden einzelnen mit Glückwünschen an deinem inneren Auge vorüberziehen.

Eine gute Methode ist es auch, Angst in Lust zu verwandeln. Das hört sich merkwürdig an, aber es funktioniert, weil Angst tatsächlich oft verdrängte Lust ist. Male dir also aus, daß die Prüfung eine ganz große Lust für dich ist. *Du* bist der Mittelpunkt, alle müssen sich auf dich einstellen, du hast nun endlich Gelegenheit zu beweisen, was du alles kannst. Hier und jetzt wird offenbar, was für ein Erfolg du bist. Du badest dich in den Blicken der anderen, du genießt es, dein enormes Wissen vor anderen ausbreiten zu können. Ja, komm dir ruhig als etwas ganz Besonderes vor, denn das bist du ja auch in einer Prüfung. Du bist ein außerordentlicher Erfolg. Durch eine Prüfung erlangst du ja auch immer einen Status, den du vorher nicht hattest. Mal dir also auch aus, was du tust, wenn du den Führerschein, den Doktortitel, die Lizenz, den Fachschulabschluß oder was auch immer hast. Sieh dich das tun, wozu du nach deiner bestandenen Prüfung berechtigt bist.

Und sei jetzt einmal so richtig von Herzen stolz auf dich. Und noch einmal: Sei jetzt so richtig von Herzen stolz auf dich!

Suggestionen: Endlich kann ich zeigen, daß ich ein außerordentlicher Erfolg bin. Mein Vertrauen ist grenzenlos. Ich lerne gern und kommuniziere gern über alles Erfahrene. Ich entspreche einem vollkommenen Prinzip, es ist perfekt. Es ist wunderbar, daß ich zeigen kann, was in mir steckt. Alle Bausteine meines Seins heißen Vollkommenheit. Ich danke Gott von Herzen, daß er mich nach seinem Ebenbild geschaffen hat. »O Herr, du hast mir deine Liebe geschenkt, indem du die Welt mit deinen Gaben fülltest. Sie werden über mich ausgegossen, und ich erkenne sie, mein Herz ist erwacht, und der Tag ist hell.« Die Gaben der Schöpfung heißen Weisheit, Liebe, Glück, Wissen. Ich bin ein göttlicher Kanal, in dem alles Empfangene erhalten bleibt. Meine Fröhlichkeit ist Weisheit. Ich bin vollkommen, wie auch Gott im Himmel vollkommen ist.

Wenn du einen neuen Beruf willst

Du hast das Schicksal, das du akzeptierst! Unser Beruf ist kein lästiges Übel, nicht nur ein notwendiges Mittel, um Geld zu verdienen. Im Beruf sollen wir uns selbst verwirklichen, unsere Talente zum Ausdruck bringen. Wenn mein Beruf mich zu langweilen beginnt, so ist das ein Signal dafür, daß ich etwas ändern muß. Ich habe gelernt, was ich lernen mußte, und jedes weitere Verharren bei der alten Tätigkeit erzeugt Frustration, Aggression und daraus entstehende Krankheiten. Hör auf, *gegen* das zu sein, was du nicht mehr tun möchtest. Denn damit bleibst du weiterhin an deine ungeliebte Arbeit fixiert, und es ist kein Raum in dir für etwas Neues.

Wenn du als junger Erwachsener einen bestimmten Beruf ergriffen hast, so bedeutet das noch lange nicht, daß du diesen Beruf bis zu deiner Pensionierung ausüben mußt. *Arbeite, um zu lernen, und wenn du ausgelernt hast, tu etwas anderes, um weiterzulernen.* Viele Erfolgsmenschen haben im Laufe ihres Berufslebens das Gleis gewechselt, so manche haben erst im hohen Alter den Gipfel ihrer Karriere erlebt. Es ist nie zu spät, umzulernen, selbst wenn du über 70 bist! Wir lernen bis zu unserem letzten Atemzug.

Viele Menschen, die mit ihrem Beruf unzufrieden sind, wagen einfach nicht den Absprung. Sie sind in einem selbstzerstörerischen Schein-Sicherheitsdenken befangen: »Wenn ich bleibe, wo ich bin, kann nichts geschehen. Wenn ich aber mein zwar enges und unbequemes, doch warmes Nest verlasse, passieren mir schreckliche Dinge.« Die schrecklichen Dinge passieren dir aber gerade dann, wenn du bleibst, nicht wenn du gehst. Aggressiv, neidisch, erstarrt bleibst du hocken, dabei wäre es so leicht, die Flügel auszubreiten und sich in den blauen Himmel zu schwingen! Wer sich *nicht* in Gefahr begibt, kommt darin um, singt der Liedermacher Wolf Biermann. Doch wenn du daran *glaubst*, daß du es schaffst, wirst du es auch schaffen. Das, was der Mensch denkt, das ist er. Wenn du denkst, daß du erfolgreich bist, *bist* du erfolgreich.

Vielleicht hast du nur ein dumpfes Gefühl der Unzufriedenheit mit deinem Beruf, weißt aber noch nicht, was du an seine Stelle setzen sollst. Versuche nicht, mit harter Gedankenarbeit das Problem zu lösen, und höre auch nicht zu sehr auf den Rat anderer. Die anderen haben ihre eigenen Gründe, warum sie dich in diesem oder jenem Beruf gerne sehen würden, aber das heißt noch lange nicht, daß dies auch wirklich der richtige für dich ist. Du bist nicht auf der Welt, um so zu sein, wie andere dich haben wollen! Wenn du ratlos bist, in welche Richtung du gehen sollst, laß deine Intuition sprechen. Die beste Methode ist es, sich zuerst durch körperliche Bewegung abzureagieren und dann ganz entspannt in Meditation zu gehen. In meditativer Selbstkontemplation entwickelt sich die Fähigkeit zur Intuition, und sie ist Vermittler von Wundern. Sie ist Kommunikationsmittel zwischen Kreatur und Schöpfer. Sag dir: *Ich glaube an Wunder, weil ich Realist bin.* Laß aus dir hochkommen, was du tief im Inneren schon lange weißt. Ja, dein Unterbewußtsein hat schon die Antwort, bevor du noch die Frage gestellt hast. Sie muß nur noch in dein *Bewußtsein* dringen. Achte auch auf deine Träume, sie geben wertvolle Hinweise. Wer sagt, er könne seine Träume nicht behalten, sagt damit, daß er keinen Kontakt zu seinem Innern hat. Wenn du deine Träume behalten *willst*, wirst du es auch können. Vertrau dir selbst, und du wirst eine wundervolle, perfekte Lösung erhalten. Und dann wirst du sagen: Natürlich, das ist es! Warum bin ich darauf nicht schon eher gekommen!

Suggestionen: Ich befinde mich in jenem besonnten Raum, in dem alles auf ewig bekannt ist. Hier finde ich auf meine Frage, wo die ideale Position für mich ist, die Antwort. Sie war schon existent, bevor ich diese Frage zum ersten Mal aufwarf. Schon lange wartet der ideale Arbeitsplatz auf mich. Jetzt bin ich in Erwartung des Besten offen und bereit, zur rechten Zeit am rechten Ort zu sein. Das Gute ist auf dem Wege zu mir. Ich bin begabt und ziehe entsprechende Aufgaben an. In der Erwartung des Besten danke ich für die erwiesene Gnade. Meine beste Zeit ist jetzt. Das Leben findet heute statt.

Schlechtes Betriebsklima

In einem seiner Bücher erzählt Dr. Joseph Murphy die Geschichte einer jungen Frau, die in einem Schreibbüro arbeitete. Sie beklagte sich über die niederdrückende Atmosphäre an ihrem Arbeitsplatz. Sie sei an sich mit ihren Arbeitsbedingungen sehr zufrieden, aber die Kolleginnen würden das Büro mit Klatsch und privaten Problemen, kurz, mit einer Flut von negativen Gedanken überschwemmen. Dr. Murphy empfahl ihr, die Namen ihrer zwanzig Mitarbeiterinnen aufzuschreiben und jeden Abend für sie zu beten. Im Laufe der folgenden Wochen änderte sich die Situation im Schreibbüro vollständig: Mehrere Mädchen kündigten und wechselten in Stellungen über, die ihnen mehr zusagten. Einige bekamen Arbeit in anderen Abteilungen, andere heirateten. Die junge Frau, die Dr. Murphy beraten hatte, wurde Leiterin des Schreibbüros. Dort herrscht nun eine harmonische Atmosphäre.

Betriebsklima ist ein Ganzes, das von jedem einzelnen geschaffen wird. Wenn dreißig Mitarbeiter in deiner Abteilung sind, so hast du nicht etwa nur ein dreißigstel Einfluß darauf. Wenn du über schlechtes Betriebsklima klagst, so kannst *du* das ändern. Vielleicht nicht im ganzen Betrieb, aber in deiner eigenen Abteilung. Du kannst zum Katalysator werden, der den Prozeß der Umkehr ins Positive auslöst. Im Grunde wollen doch alle Angestellten das gleiche: in Ruhe und Harmonie ihre Arbeit tun, ein paar nette Worte mit den Kollegen wechseln und abends zufrieden nach Hause gehen. Kein Mensch *will* tatsächlich dauernd Krach, schlechte Laune, gespanntes Schweigen am Arbeitsplatz. Nur irgendwann hat einmal jemand den negativen Katalysator gespielt, und dann hat sich das Muster der Negativität eingeschliffen. Die Kehrtwendung kann von jedem einzelnen ausgehen, das muß nicht unbedingt der Chef sein. Wir wissen zum Beispiel alle, welche Macht eine unfreundliche bzw. eine nette Sekretärin haben kann.

Wenn an deinem Arbeitsplatz ein schlechtes Betriebsklima herrscht, mache dich zum Kristallisationspunkt für die guten Kräfte. Wenn zwei sich streiten, schüre nicht noch die Aggressionen, sondern versuche zu schlichten. Frag dein übelgelauntes Gegenüber, ob du ihm eine Tasse Kaffee mitkochen kannst. Bring mal eine große Tüte Erdbeeren für alle mit. Quetsche im Aufzug nicht mit niedergeschlagenen Augen ein »Mahlzeit!« zwischen den Zähnen hervor, sondern frag den Kollegen von der anderen Abteilung, wie es seinen Kindern geht. Schirme dich nicht hochmütig von den Kollegen ab nach dem Motto: Wie's drinnen ausschaut, geht niemanden etwas an. Zeig deine freundlichen Gefühle für andere, sei offen. Jeder hört gern, wenn du ihm nach dem Urlaub sagst: Schön, daß du wieder da bist. Jeder freut sich, wenn du ihn wissen läßt, daß er dieses oder jenes hervorragend gemacht hat. Gibt es Konflikte zwischen dir und einem Kollegen, so *trage sie aus*. Halte nicht verbissen den Mund und schimpfe später wütend bei anderen über ihn. Schaufele auch nicht mit bösen Worten einen Graben, über den später niemand mehr herüberspringen kann. Übe dich in der Kunst, Kompromisse zu finden. Das Wort Kompromiß wird bei uns gerne mit dem Wörtchen »faul« verbunden, und das klingt nach Niederlage. Nein, mach einen Sieg daraus, aber *einen Sieg für beide*. Es muß bei einem Konflikt nicht immer einen Sieger und einen Verlierer geben. Versuche eine Lösung zu finden, die euch beiden das Gefühl gibt, ein Stück weitergekommen zu sein.

Natürlich darfst du keine falsche Freundlichkeit zur Schau stellen. Diese Haltung wird von den meisten Menschen mehr übelgenommen als »ehrliche« Muffligkeit. Glaube ja nicht, niemand würde deine Taktik durchschauen, fast jeder hat ein feines Gespür für falsche Töne.

Falls du diese positive Kraft für einen produktiven Teamgeist nicht sein kannst, kündige deine Stellung. Du wirst eine neue, bessere finden, denn für jeden gibt es den richtigen Platz. Du wirst immer von dem Ort angezogen, der deinen Schwingungen, deiner Wellenlänge entspricht. Nicht weil du bestimmte berufliche Qualifikationen hast, sondern weil du ein Mensch bist.

Suggestionen: Ich bin ein Magnet für alles Gute. Um mich sammeln sich positive Menschen, weil ich sie anziehe. Gleiches zieht Gleiches an. Alles entspricht seiner Art. Ich bin ein Magnet für Glück, Zufriedenheit, Konstruktivität, fortschrittliches Denken, Lebensfreude und gutes Betriebsklima. Was ich klar vor meinem inneren Auge sehe, wird wahr. Ich höre harmonische Klänge, freundliche Worte. Meine Arbeit für ein harmonisches Miteinander ist sichtbar gewordene Liebe. Ich liebe meine Mitmenschen.

Pensionierung

Die Zeit der Pensionierung ist die Zeit der geistigen Hochblüte für jeden Menschen. Jetzt steht er am Gipfel seiner Entwicklung und hat endlich für all die Dinge Zeit, von denen er früher durch seine Arbeit abgelenkt wurde. *Jetzt bist du frei und kannst deine Persönlichkeit vollkommen zur Entfaltung bringen.* Sei dir bewußt, daß dein wichtigster Lebensabschnitt beginnt. Jetzt kannst du endlich all die Dinge tun, die du jahrzehntelang aufgeschoben hast. Du *solltest* sie jetzt tatsächlich auch tun, weil irgendwann in diesem Leben sonst die Zeit knapp werden könnte. Wenn du bisher gestreßt, unter Zeitdruck und zu einseitig belastet warst, so ist es jetzt höchste Zeit, den Ausgleich, die Harmonie zu finden. Damit ist nicht nur gemeint, daß du ein paar Hobbys pflegen sollst. Geh einmal in Gedanken dein ganzes bisheriges Leben zurück. Wo hast du etwas angefangen und es aus irgendwelchen Gründen wieder abgebrochen? Wo hast du aus Pflichtgefühl, weil andere Dinge dringlicher schienen, etwas zurückgestellt? Wann hast du dich den Bedürfnissen deiner Kinder, deines Partners zu sehr angepaßt und verzichtet? Wann hattest du Angst, etwas zu tun, das du heute ganz ohne Angst in Angriff nehmen könntest? Welche Sehnsüchte hattest du mit 15, mit 20, mit 30? Oft ist das, was man sich in der Jugend ersehnt, im Alter in Fülle da. Du hast davon geträumt, Reisen zu machen, hattest aber nicht das Geld und die Zeit dazu. Jetzt hast du beides. Du wolltest deine musikalischen Fähigkeiten weiter ausbilden, aber du mußtest einen »anständigen« Beruf erlernen. Du wolltest gern die großen russischen Romane lesen, aber immer gab es Wichtigeres zu tun.

Es ist wieder nichts als eine Suggestion – die bei dauernder Wiederholung natürlich wirksam wird –, die das Alter einen Abstieg, einen Abbau sein läßt.

Man kann sagen, in der ersten Hälfte deines Lebens verkörperst du deinen Geist, und in der zweiten vergeistigst du deinen Körper. Es gibt viele Menschen, die erst im Alter den Höhepunkt ihrer Schaffenskraft erreicht haben und gesundheitlich völlig auf der Höhe waren. Konrad Adenauer und Joseph Murphy sind Beispiele dafür, dir fallen sicher noch andere ein. Wenn du täglich vor dem Spiegel stehst und gramgebeugt deine Falten zählst, bei den Nachbarn über die stetige Verschlechterung deiner Gesundheit jammerst, dann leidet natürlich deine Lebenskraft darunter und du baust tatsächlich ab.

Sieh die Freuden der Pensionierung nicht nur darin, daß du ab jetzt ausschlafen und den Rest des Tages auf dem Sofa liegen kannst. Das macht ein paar Wochen Spaß, aber dann wird es langweilig. Der menschliche Körper muß gefordert werden, um leistungsfähig zu sein. Zu viel Schonung schadet nur. Das bedeutet natürlich wiederum nicht, daß du am Tag nach der Pensionierung mit einem Marathon-Waldlauf loslegen mußt... Wenn du Gewohnheiten ändern willst, so stelle deinen Körper behutsam um, mute ihm nicht zuviel und nicht zuwenig zu.

Laß dir auch nicht einreden, daß man im Alter nichts mehr dazulernen kann. Natürlich wirst du keine Weltkarriere mehr als Wagner-Tenor machen, und wahrscheinlich wird dein Enkel eine neue Sprache schneller lernen als du. Aber wer sagt denn, daß jetzt alles schnell gehen oder zur absoluten Perfektion gebracht werden muß? *Finde deinen eigenen Rhythmus*, gerade im Arbeitsleben mußtest du dich oft genug dem Rhythmus anderer oder dem Takt von Maschinen anpassen.

Beginne nicht einen Tag vor deiner Pensionierung darüber nachzudenken, was du ab morgen tun willst. Man tritt auch keine große Reise an, ohne sich vorher einen Reiseführer zu kaufen und über die Route, die man zurücklegen will, nachzudenken. Plane deine Aktivitäten ein paar Jahre vor der Pensionierung. Viele Menschen haben einfach kein Programm mehr in sich für diesen Lebensabschnitt und fühlen sich deshalb nutzlos. Du hast noch zwanzig, dreißig Jahre vor dir, die du so gestalten kannst, wie du es willst. Niemand kann dir mehr hineinreden. Nutze diese Zeit zur Vollendung deiner Persönlichkeit.

Suggestionen: Gott schuf die Zeit. Ich habe Zeit. Für mich. Meine Selbstverwirklichung. Es ist wundervoll. Die goldenen Jahre meines Lebens liegen vor mir. Alles, was ich bisher nur bedingt leben konnte, entwickle ich nun zur Reife. Ich vollende jetzt alles Begonnene. Tiefe Freude erfüllt mich, mein ganzes Sein. Einst träumte ich von einer anderen, besseren Welt. Jetzt habe ich Zeit, mir eine neue Welt zu gestalten. Der Herr segnet das Erreichte und fördert das Begonnene. Er gibt mir Kraft. Ich weiß: Je mehr in die Zukunft verschoben wird, desto mehr fehlt es im Jetzt. Ich bin im Hier und Jetzt.

Arbeitslosigkeit

Ein Schüler beklagte sich bei Yogananda darüber, daß er keine Arbeit finden könne. Der Guru sagte ihm: »Halte nicht an diesem unheilbringenden Gedanken fest. Du bist ein Teil des Universums und erfüllst eine wesentliche Aufgabe darin. Rüttle – wenn nötig – die ganze Welt auf, um dir Arbeit zu beschaffen, und laß nicht locker, bis du Erfolg hast.«

Wenn du dieses Buch bis hierher gelesen hast, wirst du schon ahnen, daß wir dir nicht die Bequemlichkeit schenken, die Schuld für deine unangenehme Lage bei anderen zu suchen. Viel zu viele Menschen tun eine Arbeit, die sie überflüssig und langweilig finden. Unbewußt versuchen sie, sich ihr zu entziehen, meist durch Krankheit, aber in tieferen Schichten kann auch eine Kündigung willkommen sein, um endlich diese ungeliebte Arbeit nicht mehr tun zu müssen. Diese Aussage wird heftige Abwehrreaktionen hervorrufen, denn es ist ganz und gar nicht angenehm, sich so etwas einzugestehen. Viel lieber sieht man sich mal wieder als Opfer eines Schicksalsschlages. Die Schutzmechanismen, die hier jeder um sich baut, sind im allgemeinen sehr massiv. Wenn du jetzt wütend dieses Buch zuklappst, dann halte danach trotzdem einen Moment lang inne und frage dich: »Ist nicht doch etwas dran? Habe ich tatsächlich keine Lust zum Arbeiten gehabt?« Wenn du ganz ehrlich zu dir bist und deinen eigenen Anteil am Zustandekommen deiner Arbeitslosigkeit siehst – *dann hast du den ersten Schritt getan, um bald wieder Arbeit zu haben.*

Viele entwickeln zwar eine gewisse oberflächliche Willensanstrengung, wieder Arbeit zu finden, weil sie Geld brauchen oder sich vor ihren Nachbarn genieren, aber sie sind viel zu träge, um etwas Neues zu beginnen. Sie wollen gar keine Veränderung, weil sie Angst haben, sie trauen sich nicht zu, neu zu beginnen. Du bist ein Mensch und keine Pflanze, die ihren Ort nicht verlassen kann. Bewußtsein hat auch mit Beweglichkeit, mit körperlicher Beweglichkeit zu tun. Wenn du siehst, daß die Konditionen für dich an deinem Standort nicht ideal sind, dann bereite dich innerlich darauf vor, dahin zu gehen, wo die Verhältnisse für dich günstiger sind. Schau dir die Stellenanzeigen in den großen Zeitungen an. Denkst du etwa: O Gott, da müßte ich ja umziehen? Es klingt vielleicht etwas drastisch, aber laß es uns trotzdem sagen: Du mußt schon deinen Hintern vom Stuhl heben, wenn du in ein anderes Zimmer gehen willst.

Überlege einmal, ob deine Arbeitslosigkeit nicht ein selbstgewähltes Leid ist. Keine Macht der Welt verbietet dir zu arbeiten. Vielleicht bist du einfach nicht genügend motiviert, um die Sache richtig anzugehen. Du entwickelst keine Initiative, weil du Minderwertigkeitsgefühle hast. Du denkst: Ich bin zu alt. Wer will mich denn schon? Ich habe zuwenig gelernt. Doch das sind negative Suggestionen, die du dir selber gibst. Und da deine Erfahrungen haargenau dem entsprechen, was du denkst, wird jeder Arbeitgeber sagen: Er ist zu alt. Den wollen wir nicht. Der hat zuwenig gelernt.

Es ist nie zu spät, etwas dazuzulernen. Auch wenn du über 40, über 50 oder über 60 bist. Wenn du arbeitslos bist, lerne jetzt zum Beispiel, indem du akzeptierst, was hier über dich steht: Deine Arbeitslosigkeit ist selbstgewähltes Leid. Ein Mensch, der Selbstbewußtsein, Tatkraft, Engagement, Lernwilligkeit ausstrahlt, dem gibt jeder gern Arbeit. Aber wenn einer schon daherkommt und betont, daß er nur kommt, weil es das Arbeitsamt so will und er eigentlich nicht die geringste Lust hat, diesen Job anzunehmen – wer will den schon einstellen? Aber auch wenn du nicht eine so krasse Negativität ausstrahlst und durchaus willig bist – deine Unsicherheit, deine Angst übertragen sich auf deinen Arbeitgeber, und er wird dir genau das bescheren, woran du glaubst: nämlich keine Arbeit. *Wenn du wirklich Lust auf Arbeit hast, wird die Arbeit deinem Werben nicht widerstehen können!*

Suggestionen: Ich bin ein vollwertiger Teil eines gewaltigen Ganzen, dessen Körper die Natur und dessen Seele Geist ist. Ich befinde mich jetzt am Ort meiner wahren Bestimmung. Ich habe die ideale Arbeit gefunden. Hier ist mein wahrer Ort, und es ist die rechte Zeit. Die unendliche Weisheit meines Unterbewußtseins führt und lenkt mich. Gottes Liebe ist das Licht, das zu meinen Füßen den Pfad beleuchtet. Ich bin ein Magnet für gute Ideen, gutes Betriebsklima. Ich unterbreite regelmäßig konstruktive Vorschläge innerhalb meines Aufgabengebietes. Ich liebe Verantwortung. Mein Einkommen entspricht meiner Vorstellung und gestattet mir ein angenehmes Leben. Alles ist gut, denn mein Handeln ist im Interesse aller. Ich lächle, weil mein Ziel erreicht ist und weil das Lächeln ein wunderbarer Zauberer ist.

Wenn du eine wichtige Entscheidung treffen mußt

Jeder steht im Leben manchmal vor wichtigen Entscheidungen, die das ganze Leben verändern können. Soll ich diesen Mann heiraten? Soll ich meinen Beruf wechseln? Soll ich ein Kind bekommen? Soll ich mich von jemandem trennen? Soll ich meinen Job kündigen? Da steht man dann wie der Esel vor den zwei Heuhaufen und weiß nicht, was man tun soll. Wie das Beispiel des Esels zeigt, der schließlich verhungert, weil er sich nicht entscheiden kann, ist es natürlich auch eine Entscheidung, keine Entscheidung zu treffen! Also versuche doch gleich, die richtige Möglichkeit zu wählen.

Mache dich zunächst einmal von der Vorstellung frei, du könntest eine *objektiv falsche* Entscheidung treffen. Selbst wenn sich später herausstellt, daß du den falschen Job angenommen, die falsche Frau geheiratet hast: Du wirst aus dieser Wahl lernen. Dennoch ist es natürlich angenehmer, nicht über »trial and error«, über »Versuch und Irrtum«, zu lernen. Das ist die Methode des Verstandes. Er prüft, wägt ab, wählt schließlich aus – und wenn der »Irrtum« da ist, fängt er mit demselben Verfahren von vorne an. Deine Entscheidungen werden, wenn du sehr intelligent bist, vielleicht jedesmal ein ganz kleines bißchen klüger ausfallen, aber Irrtümer bleiben sie trotzdem. Warum versuchst du also nicht gleich, ins Schwarze zu treffen?

Laß zunächst alles Hin- und Herüberlegen, alles Grübeln und logische Prüfen. Leg eine *schöpferische Denkpause* ein. Dein Verstand sagt dir zwar sofort, daß, wenn nicht gedacht wird, auch nichts geschieht, aber das ist nur seine begrenzte Sicht der Dinge. Du wirst feststellen, daß genau das Gegenteil richtig ist. Das wirst du aber nur erkennen, wenn du es *erfährst*, nicht wenn du denkst, daß es so sein könnte. In der schöpferischen Denkpause stellst du die Entscheidung *selbst* zurück. Du sollst dir über die Motive deines Handelns klarwerden, über Motive, die tief in dir liegen und oft nicht »logisch« sind. Stell dir in der schöpferischen Denkpause zum Beispiel folgende Fragen: Aus welchem Grund möchte ich die eine Sache, aus welchem Grund möchte ich die andere Sache machen? Welchen Zweck verfolge ich damit? Ist es notwendig? Macht es mir Freude?

Geht es mir um mein Image, mein Prestige? Habe ich Angst davor, was die Leute denken? Was nehme ich dafür auf mich? Tue ich es nur, weil es ein anderer von mir erwartet? (Sehr wichtige Frage!) Kann ich mir, wie man so schön sagt, nach dieser Entscheidung morgens beim Rasieren noch ins Gesicht schauen? Entspricht das, was ich tue, meiner wahren Bestimmung?

Vielleicht ergibt sich nach dieser schöpferischen Denkpause eine Entscheidung schon von selbst. Wenn nicht, versuche nicht, sie zu erzwingen, sie aus dir herauszupressen. *Dein höheres Selbst, die Weisheit in deinem Innern, hat die Entscheidung nämlich schon getroffen.* Du mußt nur noch darauf warten, daß sie dir zufällt. Das kann tatsächlich oft durch einen Zufall passieren. Wenn du zum Beispiel überlegst, ob du eine Frau heiraten sollst, und du kannst dir ihre Telefonnummer nicht merken, so ist das vielleicht ein vielsagender »Zufall«. Du kannst auch ganz direkt dein Unterbewußtsein um Hilfe bitten. Der Traum, meinte Sigmund Freud, ist der »Königsweg« zum Unbewußten. Geh diesen Königsweg, wie es schon Menschen aller Zeiten und aller Kulturen getan haben. Vertraue darauf, daß dir deine Träume wichtige Hinweise für deine bevorstehende Entscheidung geben, und du wirst mit Sicherheit diese Hinweise bekommen. Du kannst auch das chinesische Orakel I Ging oder die Karten heranziehen, du kannst meditieren, du kannst in Trance gehen und dein höheres Selbst direkt befragen – die Methode ist nicht wichtig, es kommt nur darauf an, deinen kritischen, wachbewußten Verstand zu umgehen.

Und wenn du schließlich eine Entscheidung getroffen hast, dann übernimm die volle Verantwortung für sie. Du kannst nichts im Leben ungeschehen machen, du kannst nur weiter nach vorne gehen. Bis zur nächsten Entscheidung.

Suggestionen: Ich habe mich entschieden, zu lieben: mich, die Welt, Entscheidungen. Ich habe mich entschieden, Raum zu schaffen für Neues, für Begegnungen, Erkenntnisse, geistigen Fortschritt. Ich danke jetzt allen Erfahrungen, die mir geholfen haben, diese Wendezeit in meinem Leben erreicht zu haben. Ich bin jetzt fähig, Entscheidungen von einem hohen spirituellen Standpunkt zu treffen, und ich weiß, sie gereichen allen zum Nutzen. Die höhere Weisheit in mir hilft mir, die richtigen Weichen zu stellen, und ich will ihr freudig folgen. Ich habe mich überzeugt von der Richtigkeit, diesen Entschluß zu fassen. Danke.

Tod

Es gibt kein Ende, nur Anfänge! Der Tod ist nichts anderes als ein Schritt in eine neue Dimension. Der Tod hat eine größere Qualität als die Geburt, denn er ist ein Übergang in eine höhere Lebensform. Wir lassen nur unsere körperliche Hülle für ein neues geistiges Leben zurück. Angst vor dem Tod ist ein Signal dafür, daß man Angst vor dem Leben hat. Diese Angst ist besonders stark, wenn man sehr körperlich, sehr materialistisch eingestellt ist. Je weiter du auf dem spirituellen Weg voranschreitest, desto klarer wirst du erkennen, daß du nicht Körper bist, sondern daß du Geist bist. Der Geist aber hat keinen Anfang und kein Ende, er unterzieht sich nur Wandlungen. Der Tod ist der krönende Abschluß unseres Lebens oder, wie es C. G. Jung ausgedrückt hat: »Wie die Flugbahn des Geschosses im Ziel, so endet das Leben im Tod, der mithin das Ziel des ganzen Lebens ist.«

Tod ist der Übergang in ein anderes Leben, es gibt da kein »Nichts«, denn Energie kann nicht verschwinden, sie kann sich nur in eine andere Form wandeln, transformieren, so wie Wasser zu Eis gefrieren oder verdampfen kann.

Manchmal geschieht im Augenblick des Todes Erleuchtung, das heißt, der Sterbende *erkennt*. In der Hypnose kann man den Moment des Todes erleben, denn wir haben die Erfahrung des Todes schon lange in uns. *Zu sterben bedeutet, vorübergehend die Augen zu schließen und sie nach einem Bruchteil einer Sekunde wieder zu öffnen.* Nur Menschen, die sich am Leben festklammern, erleben einen schmerzhaften Tod. Du hast den Tod schon oft erlebt, freue dich auf ihn, geh bewußt in ihn hinein, er ist deine letzte Geburt. Er ist Hoffnung, er ist Verheißung. Wer nicht zu sterben versteht, versteht nicht zu leben.

Wenn du einen Menschen, den du geliebt hast, durch den Tod verlierst, dann ist das eine Grenzsituation in deinem Leben. Auch wenn du es nicht gerne hörst: Dein Schmerz ist vor allem Selbstmitleid, *du* hast Angst, *du* fühlst dich im Stich gelassen und allein. Jetzt mußt du Trauerarbeit leisten, und wenn du durch das unendliche Leid, durch die tiefste Verzweiflung hindurchgegangen bist, dann weißt du, daß dies die wertvollste Erfahrung in deinem Leben gewesen ist. Lies das ausgezeichnete Buch *Trauern* von Verena Kast, sie beschreibt die Phasen und die Chancen eines gelungenen Trauerprozesses.

Du mußt lernen, daß das Leben aus Trennung und Abschied besteht, durch die allein erst wieder eine neue Begegnung möglich ist.

Die Begegnung mit dem Tod zwingt dich wie nichts anderes, über den Sinn deines Lebens, über den Sinn des Lebens überhaupt nachzudenken. *Du hast dich in diese Situation hineingestellt,* so unglaublich das klingt. Etwas tief in dir hat *eingewilligt,* der Partner des anderen in der Sterbesituation zu sein. Wenn du diesen Gedanken akzeptieren kannst, wirst du dich nicht länger als Opfer fühlen, das von einem äußeren Schicksal grausam gestraft wurde. Etwas in dir war mit dieser Situation einverstanden, weil nichts so sehr wie der Tod zu deiner seelischen Reife beiträgt.

Du lernst in deinem Trauerprozeß, daß die Trennung, der Abschied genauso ein Teil des Lebens sind wie die Liebe und die Bindung. Man muß von einem Ort abreisen, um am anderen anzukommen, man muß etwas loslassen, um etwas Neues erhalten zu können. Das ganze Leben ist Abschied, nur der Abschied schafft den Raum für neue Erkenntnisse, neue Begegnungen.

Laß den Menschen, den du geliebt hast, los. Du kannst ihn nicht festhalten, denn wir können nichts festhalten. Am Ende werden wir alles verlieren. Trennung und Abschied richten sich nicht gegen dich, sie sind ein Teil der Evolution, ohne Tod gäbe es keine Weiterentwicklung. *Segne den, der gestorben ist, und gehe deinen Lebensweg weiter.* Wenn du ganz durch die Trauer hindurchgegangen bist, hat der Tod seinen Stachel verloren. Du wirst neu in das Leben hineingeboren, ja, erst wenn du den Tod erfahren hast, kannst du den Wert des Lebens wirklich erkennen. Jeder Augenblick deines Lebens wird kostbar, du wirst nie mehr Gleichgültigkeit oder gar Verachtung dem Leben gegenüber haben. Du wirst wissen, daß jede neue Begegnung den Abschied schon in sich trägt und daß gerade darin ihre Vollkommenheit liegt. Das Gefühl der Trauer bewirkt die größte Wandlung im Leben eines Menschen.

Vielleicht kannst du es jetzt noch nicht annehmen, aber laß dir etwas sagen, das eigener Erfahrung entspringt: *Eines Tages wirst du tiefste Dankbarkeit für das Todeserlebnis empfinden.*

»Der Tod ist ein goldener Schlüssel, der den Palast der Ewigkeit öffnet.« (John Milton)

Suggestionen: Leben und Tod sind nur Worte, die einen unterschiedlichen Aspekt von ein und demselben darstellen. Leben und Tod gehören zusammen, so wie Fluß und Meer eins sind. Tod ist der Anfang, die Schwelle zu einem anderen Ausdruck des Lebens. Am Ende des körperlichen Lebens ist der Übergang zur unkörperlichen Existenz, an deren Ende wiederum der Übergang zum körperlichen Leben anschließt. Ein Kreislauf. Nirgends Ende, nur Wandel, Fortschritt des Guten zum Besseren. Kommen und Gehen. Wenn ich hier bin, nenne ich Sterben Gehen und Geborenwerden Kommen. Auf der anderen Seite ist mein Sterben Kommen und mein Geborenwerden Gehen. Was also ist Tod, was ist Leben? Oft schon bin ich gekommen und gegangen. Mal stand ich hier, mal stand ich drüben. Indem ich das Leben als Ganzes erfasse, zerfließt das einzelne, wie Sterben und Geborenwerden. Ich sehe das Ganze. Ich suche nach der Gleichheit. Gleichzeitigkeit und Gleichwertigkeit, in beiden ist Geburt und Tod. Des Menschen Seele gleicht dem Wasser, vom Himmel kommt es, zum Himmel kehrt es zurück.

Reichtum

Wenn du jemand bist, der Reichtum ablehnt und auch schon einmal gesagt hat, daß Dr. Murphy soviel von Geld spricht und daß dies doch nicht richtig sei, dann hast du wahrscheinlich keins. In dieser Aussage spiegelt sich einfach ein Unverständnis wider. Da sind Suggestionen in dir von der Kirche, von der Schule, aus dem Elternhaus:

daß Reiche korrupt sind, über Leichen gehen; du denkst an den Bibelspruch, daß eher ein Kamel durch ein Nadelöhr geht, als daß ein Reicher in das Reich Gottes gelangt. Da gibt es so viele herrliche Parolen und Sprüche, die Reichtum verdammen. Doch nur jemand, der da hat, kann geben. Reichtum an sich ist nichts Negatives, er kann für den einzelnen und für viele ein Quell der Freude sein.

Materieller Wohlstand ist aber nur *ein* Aspekt von Reichtum. Wer in der Harmonie, in der Liebe, so wie wir sie dir gezeigt haben, lebt, der ist reich. Er kann anderen von seinem Reichtum geben, ohne ärmer zu werden. Denn was wir geben, erhalten wir in reichem Maße zurück.

Dein Wohlbefinden, deine Selbstsicherheit hängen nicht davon ab, wieviel Geld du besitzt. Wenn du dich aber nach Reichtum sehnst: Alles, was du brauchst, um reich zu werden, liegt in dir. Du mußt nur wollen. Du kannst alles, was du willst. Auch reich sein. Mach dir diese Freiheit bewußt. Übe ab heute diese Freiheit aus! Die Freiheit, zu sein, was du willst. Unter anderem: reich. Versuche nie zu sein, wie andere dich wollen. Du brauchst nur das in dir freizulassen, was du sein willst. Hör auf zu suchen, es ist alles da. Laß dich finden. Auch vom Reichtum.

Klebe nicht am Geld. Gib es aus. Mach dir selbst und anderen eine Freude. Du wirst erfahren, wie reich du bist. Gib einen Geldschein lächelnd aus der Hand und sag zu ihm: »Geh hin und sag deinen Freunden in Stadt und Land, sie sollen mal bei mir vorbeikommen.« Das funktioniert. Glaub es. Aber weil du es nicht glaubst, deshalb machst du es nicht und deshalb funktioniert es auch nicht.

Wenn du Geld ausgibst, entsteht eine Leere, und da die Natur bestrebt ist, alles Leere auszufüllen, fließt bald Geld nach. Je mehr du ausgibst, desto mehr fließt nach. Aber mach das mal deinem neunmalklugen Intellekt klar…

Die meisten Menschen glauben, daß harte Arbeit die beste Methode sei, um an Geld zu kommen. Doch je weniger verbissene Konzentration du darauf verwendest, Geld zu verdienen, desto leichter kommt das Geld zu dir, desto leichter fällt es dir, es wieder auszugeben und – da schließt sich der Kreis –: Um so mehr fließt wieder nach. Wenn du ein harter Arbeiter bist, der glaubt, jede Mark im Schweiße seines Angesichts verdienen zu müssen, häng dir einen

Zettel an die Wand, auf dem steht: »*Arbeit hält mich nur vom Geldverdienen ab.*« Wer nur arbeitet, dem fehlt das Talent zum Glücklichsein. Er erwirbt keinen inneren Reichtum.

Achte darauf, daß du dein Geld mit einer Tätigkeit verdienst, die dir Spaß macht. Sauer verdientes Geld, für das du deine inneren Überzeugungen verleugnen mußt, bringt kein Glück, diese Zwangsarbeit treibt nur die Krankenstatistik in die Höhe. Viele Jahrzehnte lang etwas zu tun, was deinem Wesen nicht entspricht, weil »man« irgendwie Geld verdienen muß – das mündet in schwere Depression und frühzeitigen Tod. Es gibt für jeden Menschen eine Möglichkeit, auf ideale Weise sein Geld zu verdienen. Wenn du Freude hast an deiner Arbeit, wirst du sie gut tun, und gute Arbeit wird immer besser bezahlt als schlechte.

Beschäftige dich nicht mit deinen Schulden, sondern mit dem Guthaben, mit dem Kontostand, den du *willst*. Gedanken des Mangels erzeugen Mangelsituationen. Wenn du an rote Zahlen denkst, ziehst du rote Zahlen herbei.

Die meisten von uns reagieren mit Neid, wenn sie vom Reichtum anderer hören. Aber das, was du anderen wünschst, wird dir selber zuteil, weil *du* es ja denkst. *Mach es dir zur Gewohnheit, anderen ihren finanziellen Erfolg von Herzen zu gönnen – und du wirst bald denselben Erfolg genießen.* Gehöre nicht zu denen, die Geld, obwohl sie es dringend brauchen, insgeheim für »schmutzig« halten. Wie soll das, was du ablehnst und mißachtest, zu dir kommen? Es wird von dir *abgestoßen*. Nur was wir wollen, erhalten wir auch. Vergöttere Geld nicht, aber schätze es aufrichtig. Geld an sich hat keine Moral, sein Wert liegt in dem, was du mit ihm machst. Mit Geld kann man eine Atombombe bauen, aber auch Kinder vor dem Verhungern retten!

Suggestionen: Um mich ist Fülle. Wohin ich sehe, ist Reichtum, Wohlstand in jeder Form. Ich bin reich, weil ich das Leben, das ich führe, akzeptiere. Ich freue mich, weil ich alles, was ich brauche, aus mir selbst schöpfen kann. Mein innerer Reichtum macht mich zufrieden und selbstsicher. Ich bin jemand, der da hat. Ich bin der, der ich sein will. Ich besitze alles, was ich besitzen will. Alle Kraft, etwas zu ändern, liegt in mir.

Warnsignale des Körpers

Wenn zuviel seelische Spannung in dir ist, so wird es zu einem körperlichen Dyston, einem Fehlton kommen. Die Medizin spricht von vegetativer Dystonie, damit ist ein Fehlton im Gleichklang der Organe gemeint, eine Disharmonie im Körperganzen. Wenn wir Frustrationen und Aggressionen unterdrücken, sie nicht »zum Ausdruck bringen«, werden sie sich in unserem Körper ausdrücken, sich dort manifestieren. Die körperlichen Beschwerden, die dadurch ausgelöst werden, sind ein Signal: Halt, da stimmt etwas nicht, du verhältst dich falsch! Leider überhören die meisten Menschen dieses Warnsignal und versuchen, die warnende Stimme in ihrem Innern zum Schweigen zu bringen: durch Beruhigungsmittel, Aufputschmittel, durch Alkohol, Zigaretten oder übermäßiges Essen. Spannungen lösen sich jedoch nicht einfach auf, wenn man sie überspielt und verdrängt, weil Energie, die einmal existent ist, nie mehr ins Nichts verschwindet.

Dadurch, daß die Spannungen nicht mehr ins Bewußtsein gelangen und somit nicht abreagiert werden können, *erhöht* sich das Spannungspotential systematisch. Eines Tages kommt es zu massiven Fehlreaktionen der Organe bis hin zu schweren Krankheiten. Unser Körper ist außerordentlich geduldig, er »schluckt« jahrelang vieles, doch auf Dauer kann keiner mit seiner Gesundheit Raubbau treiben.

Entschließe dich jetzt, in diesem Moment, den Warnsignalen deines Körpers Gehör zu schenken. *Und hör auf, gegen etwas zu kämpfen.* Der Kampf gegen den Alkohol, der Kampf gegen Tablettensucht, der Kampf gegen das Rauchen, der Kampf gegen dein Übergewicht, gerade dieser Kampf fixiert deine Aufmerksamkeit nur wieder auf die Symptome, anstatt die Ursachen dafür aufzudecken.

Es war einmal ein Mann, der ging zu einer Hexe, um sie um Rat zu fragen. Die Hexe sagte zu ihm: »Dir kann geholfen werden. Geh in der nächsten Vollmondnacht in den Wald und suche eine Eiche. Laufe zehnmal gegen den Uhrzeigersinn um diese Eiche herum, dann wird dein Problem gelöst sein. Aber du darfst auf gar keinen Fall dabei an weiße Elefanten denken!« Der Mann folgte ihrem Rat, ging in der nächsten Vollmondnacht in den Wald und lief gegen den Uhrzeigersinn zehnmal um die Eiche herum. Doch was sah er? Zehntausend weiße Elefanten! Je krampfhafter du dich bemühst, *nicht* zu rauchen, *nicht* zu trinken oder *nicht* dick zu sein, desto mehr bleibst du an diesem Symptom haften. *Tu etwas für dich und nicht gegen dich. Alles, was du loswerden willst, mußt du loslassen.* Wenn du zum Beispiel Tag und Nacht an dein Übergewicht denkst und meinst, daß jeder Blick eines anderen nur deinen Leibesumfang mißt, klebst du an deiner Dicke, glaubst du an deine Dicke – und wirst deshalb nicht dünner werden. Welches Problem auch immer du hast – vielleicht ist es unter den folgenden nicht dabei –, versuch seine *Botschaft* zu entschlüsseln. Und laß es wie einen Luftballon in die Höhe steigen und davontreiben. Du brauchst es nun nicht mehr. Oder?

Übergewicht

Dicke sind dick, weil sie (sich) sagen, daß sie dick sind. Gegen diesen Satz wirst du laut protestieren, denn angeblich möchtest du ja nichts dringlicher, als endlich dünn sein. Doch *glauben* tust du, daß du dick bist. Du gehst herum und sagst jedem, der es hören, und jedem, der es nicht hören will: »Ich bin zu dick.« Du schaust in den Spiegel und denkst: Ich bin zu dick. Du sagst: »Ich kann essen, was ich will, ich nehme nicht ab.« Gerade diesen Satz nehmen Schlanke aber für sich genauso in Anspruch: »Ich kann essen, was ich will, ich nehme nicht zu.«

Du trägst das Bild deiner Dickheit unerschütterlich in dir. Du baust dir Kalorien oder Joule zu »Feinden« auf, die es zu bekämpfen gilt, du bemühst die Drüsen oder die Vererbung, unbewußt unternimmst du alles – dazu gehört auch falsches Essen –, um ja deinem Leitbild zu entsprechen. Das ist auch der Grund, warum Diäten auf die Dauer nichts nützen. Diäten sind immer nur so gut, solange sie dauern. Ist die Diät vorbei, fällst du wieder in dein altes Verhalten zurück – und nimmst wieder zu.

Wenn du also schlank sein willst, mußt du das Bild deiner Schlankheit in dir aufbauen. Imaginiere dich selber als schlank. Wenn dir das schwerfällt, laß dir das Foto eines Pin-up-Girls bzw. eines gutgebauten Mannes vergrößern und klebe deinen Kopf drauf. Du kannst natürlich auch jemanden bitten, eine Fotomontage anzufertigen, dann wirkt das Ganze noch realistischer. Meditiere vor diesem Bild. Präge dir deine neuen Körperformen genau ein, identifiziere dich damit.

Du bist dieses schlanke Wesen. Wie sagt man so schön? In jedem Dicken steckt ein Dünner, der herausgelassen werden will. Also, laß ihn heraus!

Zur Unterstützung deiner »Pin-up-Meditation« kannst du auch dein Idealgewicht visualisieren. Stell dir vor, daß diese Gewichtsangabe mit heller Leuchtschrift an deine Hauswand gemalt ist. So, als wenn es eine Leuchtreklame wäre. Laß diese Zahl tief in dein Unterbewußtsein sinken, täglich mehrere Male.

Natürlich hat es auch seine Gründe, daß du dick bist. Jedes Verhalten meint etwas Gutes zu leisten, und so hast du auch von deinem Dicksein Vorteile. Vielleicht hast du Angst vor Sex und kannst dir jetzt »beruhigt« sagen: »Mich will ja keiner, weil ich so dick bin.« Vielleicht erkaufst du dir mit dem ständigen Reden über deinen Leibesumfang Aufmerksamkeit, oder du verwechselst, wie ein Säugling, Essen mit Liebe und greifst immer dann zu Süßigkeiten, wenn du dich ungeliebt fühlst.

Überflüssiges Fett hat auch etwas mit Unbewußtheit zu tun. Du lagerst alte, längst überholte Gedanken und Gefühle in deinen Fettpolstern ab. Werde dir an einem ruhigen Tag einmal klar darüber, was du alles an Schmerz, Wut, Bitterkeit über Bord werfen kannst – und dein Körper wird sich leichter von *seinem* Ballast trennen können.

Mach dir auch mal Gedanken über deine *geistige Nahrung*, nicht nur immer über die körperliche. Welche Negativität »frißt« du tagtäglich in dich hinein, was »schluckst« du alles unbesehen hinunter? Dr. Murphy hat es sehr klar ausgedrückt: »Warum Mücken sehen und Kamele verschlucken – Berge der Ignoranz, der Angst und des Aberglaubens?« Das heißt: Warum Kalorien zählen und sich doch *geistig* falsch ernähren? Gib deiner Seele Götterspeise und du ernährst auch deinen Körper richtig.

Suggestionen: Ich bin Adonis (Aphrodite), edel an Gestalt, meinem Ideal entsprechend. Wie ich über mich denke, so bin ich, wie ich mich sehe, so bin ich. Ich sehe ideale Maße. Meine Gestalt, mein Gewicht entsprechen meinem Schönheitsgefühl. Das Bild meines Ideals ist und bleibt alle Zeit in mir, ich sage danke. In meiner vollkommenen Gestalt liegt tiefes Entzücken, der Frieden des angenommenen Seins. In meiner Gestalt findet die Liebe, das Glück in Verzauberung ihren Ausdruck. Das Leben versucht in meiner äußeren Schönheit sich selbst zu entschleiern. Das Ebenmaß meiner Gestalt, früher nur leises Geflüster, spricht jetzt mit klarer Stimme, und von den Bergen hallt das Entzücken meiner Freude wider. Das Glück, die Freude des Angekommenen, will ich teilen mit allen, die gleichen Weges gehen. Ich bin mir jetzt der Macht bewußt, der idealen Form, die seit Anbeginn der Zeit im Geiste Gottes bestand, nach außen sichtbar Gestalt zu verleihen. Ich entspreche in Form und Inhalt der Vorstellung des Göttlichen.

Streß

Streß ist das Ergebnis permanenter Überforderung. Der Körper kann das einige Zeit lang hinnehmen, doch dann reagiert er oft dramatisch mit Herzinfarkt, Schlaganfall, Hörsturz. Natürlich gibt es auch Streß, der gesund ist, der Spaß macht, der herausfordert. Das ist zum Beispiel der Streß eines Schauspielers vor der Premiere oder der Streß eines Sportlers, der gewinnen will. Doch jeder muß seine Grenzen kennen, wenn der Streß permanent die eigene Kapazität übersteigt, wird er destruktiv.

Gestreßte Leute tun immer so, als würden sie ja gerne mal auf der faulen Haut liegen, nur die anderen, die Umwelt ließe sie leider nicht. Doch die Sache sieht in Wirklichkeit ganz anders aus. Der Gestreßte ist ausgesprochen unbeliebt bei seinen Kollegen, denn er verbreitet eine ungemütliche Atmosphäre von Druck und Unrast um sich. Kaum möchte ein Kollege, ein Freund ein längeres Gespräch mit ihm beginnen, eine Tasse Kaffee in aller Ruhe trinken, bekommt der Gestreßte flackrige Augen und fängt an zu erklären, was er alles noch erledigen muß. Oder eine gestreßte Mutter: Sie gibt an ihre Kinder statt Zuwendung und Geborgenheit Unruhe und Aggression weiter.

Jeder sagt dem Gestreßten: Mach weniger! Doch der läßt derartige Mahnungen zum einen Ohr hinein- und zum anderen wieder hinausgehen. Er ist zu sehr damit beschäftigt, Vater und Mutter, beziehungsweise deren Ersatzpersonen, zu beweisen, daß er gut ist. Er giert nach Lob und Anerkennung für seinen unermüdlichen Einsatz. *Das Tragische daran ist nur, daß er das, was er sich so sehnlichst wünscht, gerade durch sein Verhalten nicht bekommt.* Der Mensch, der sich unter Streß setzt, versucht durch Quantität zu beeindrucken, wo doch immer nur Qualität zählt. Ein guter Einfall in der Hängematte oder im Biergarten kann tausendmal mehr Wert sein als 100 Stunden Knochenarbeit am Schreibtisch. Wer unter Streß arbeitet, neigt überdies verstärkt dazu, Fehler zu machen, und dann muß er wieder Zeit aufwenden, um diese Fehler auszubügeln. Das ist erst ein Streß! Warum also nicht gleich in aller Ruhe arbeiten?

Wenn du ein Streßgeplagter bist, hast du wahrscheinlich auch Angst, allein mit dir zu sein. *Du deckst dich mit Arbeit ein, um dir selbst aus dem Weg zu gehen.* Nimm dir einmal bewußt einen ganzen Abend lang Zeit, an dem du nichts »Dringendes« erledigst, wo du nur dir selbst begegnest. Frag dich: Wovor habe ich Angst? Was will ich mit meinem Gestreßtsein erreichen? Was kann ich abbauen? Was kann ich an andere delegieren? Gerade für dich ist die Tiefenentspannung besonders wichtig. Lerne unbedingt, schnell und automatisch in Trance zu gehen. Falls du dich zu nervös dazu fühlst, reagiere dich vorher körperlich ab durch dynamische Meditation, Waldlauf, Schwimmen und ähnliches. Das alles nimmt dir keine Zeit weg, sondern spart dir – um es hart zu sagen – die Monate ein, die du sonst im Krankenhaus liegst… Manche, aber nicht alle, wachen erst nach dem Herzinfarkt auf. Du bist klüger. Du wachst jetzt auf.

Suggestionen: Harmonie ist in meinem Herzen und in meinem Geist. Unerschütterliches Vertrauen erfüllt mich. Was immer ich beginne, führe ich in Ruhe und Gelassenheit zum Ziel. Ich bin und bleibe in jeder Situation ruhig und gelassen. Ich bin ein außerordentlicher Erfolg. Ich schicke meinem Tun meine Gedanken voraus, sie bereiten meinen Weg für hohe Effektivität und Qualität. Ich arbeite ca. sechs Stunden am Tag intensiv, die übrige Tageszeit lasse ich meiner Kreativität freien Lauf. Sie führt mich auf kürzestem Weg zum Ziel meiner Vorhaben. In der Schmiede meines Unterbewußtseins wird mein Glück gerade bearbeitet. Meine klaren Vorstellungen werden dort für die Realisation wirken. Ich habe Zeit zum Leben, zum Meditieren, zum Glücklichsein. Zeit haben, gelassen sein, ruhig sein, das alles hat für mich einen hohen Stellenwert. Ich will schon jetzt die Früchte meines Tuns kosten. Ich weiß, das Leben findet täglich statt. Heute ist der Tag. Heute will ich leben. Leben heißt, Zeit für mich haben. Ich habe Zeit.

Schlaflosigkeit

Jeder, der schon mal ein paar Nächte hintereinander nicht richtig schlafen konnte, weiß, wie unwohl er sich dann fühlte. Menschen, die unter chronischer Schlaflosigkeit leiden, möchten denn auch von Herzen bedauert werden. Wir bedauern dich nicht. Denn die Ursache deiner Schlaflosigkeit findest du in dir selbst. *Du liegst nachts wach, weil du Probleme wälzt, die du tagsüber verdrängt hast.* Im Schlaf und in den halbbewußten Stadien davor ist die Trennung zwischen Bewußtsein und Unterbewußtsein nicht mehr so scharf, verschwimmt die Abgrenzung, und so wirken die unbewußten Inhalte intensiver auf dich ein. Du kannst diese Überflutung durch Schlaftabletten abblocken, doch so perfekt diese Lösung erscheint, sie ist die denkbar schlechteste. Denn Schlaftabletten – von den körperlichen Schäden, die sie anrichten, einmal ganz abgesehen – bringen ja nicht die unbewußten Inhalte, das Verdrängte, zum Verschwinden. Sie wirken vielmehr wie eine Art Staumauer, hinter der sich das Verdrängte aufstaut und einen mächtigen Druck ausübt. Bis die Staumauer schließlich bricht und die Katastrophe kommt...

Also bleib lieber bei deiner warmen Milch oder dem Hopfenbad, wenn du schon ein Abendritual brauchst. Denn die Wahrscheinlichkeit, daß du nachts wach liegst, ist natürlich größer, wenn du Angst vor Schlaflosigkeit hast und dir womöglich jeden Abend die negative Suggestion gibst: »Heute nacht kann ich sicher wieder nicht schlafen.« Also halte dich ruhig an etwas Harmloses, das dich *glauben* macht, es bringt dir den ersehnten Schlaf.

Auf die Dauer wirst du deine Schlaflosigkeit allerdings nur durch eins kurieren können: *Du mußt deine Probleme tagsüber lösen!* Tatsächlich eignet sich der Wachzustand auch besser für diese Arbeit, denn dann ist dir dein Intellekt, der ja nachts weitgehend ausgeschaltet ist, dabei behilflich. Die Nacht macht alle Probleme riesengroß und färbt sie rabenschwarz, eben weil der nüchterne Intellekt nicht eingreift, und so »wälzt« du zwar deine Probleme, aber du fühlst dich viel zu ohnmächtig, um sie wirklich zu lösen. Im Dunkeln sind alle Wege lang. Auch wenn du wegen körperlicher Fehlfunktionen keine Nachtruhe findest – selbst diese Störungen beruhen auf seelischer Disharmonie. Und so kommst du niemals darum herum, an den Ursprung der Dinge zu gehen. Stell dich deinen Problemen. Die Lösung ist schon lange existent, du mußt sie nur noch entdecken.

Suggestionen: Ich ruhe im Schoße des Allerhöchsten. In der Gewißheit, daß auf jede Frage eine Antwort da ist, noch bevor die Frage laut wurde, bin ich jetzt ruhig und voll Freude. Die unendliche Weisheit in mir, zeigt mir jetzt den idealen Weg zu meinem Ziel. Von nun an denke ich an Lösungen und suche gleichermaßen die (Los-)Lösung von jeglicher Verhaftung. Wenn ich mich zur Ruhe begebe, schlafe ich tief und fest, geborgen bei meinem Vater. Vater, der du ruhst in meiner Mitte, nimm mich bei dir auf in deinen Frieden. Deine Liebe verwandle meine Nächte in einen Born der Stärke, Ruhe und des Erquickens. Ich bitte dich um deine Gnade, denn du weißt, was für mich gut ist, noch ehe mein Bewußtsein davon erfüllt ist. In Demut neige ich mein Haupt vor dem, der alles lenkt, um von seiner Weisheit zu erhalten.

Depressionen

Depressionen sind nicht gelebte Aggressionen. Die Unterscheidung von »endogenen« (von innen kommenden) und »exogenen« (von außen kommenden) Depressionen ist unsinnig. Ob innen oder außen, das ist nur eine Frage der Perspektive, das heißt, es hängt vom Zeitpunkt ab, zu dem ich das Geschehen beobachte. Einmal ist es der Zeitpunkt der Projektion (von innen nach außen), das andere Mal der Zeitpunkt der Reflexion (von außen nach innen).

Depressionen treten dort auf, wo Menschen aberzogen wurde, ihre Gefühle zu leben. Wenn ein Kind immer ja sagen mußte, wenn es nein meinte, entstehen Frustrationen, die sich in Aggressionen verwandeln. Doch gerade weil man ja sagt, wo man nein meint, kann man Aggressionen nicht herauslassen, und so entstehen gegen einen selbst gewandte Aggressionen, nämlich Depressionen.

Dieser Mechanismus macht auch klar, warum gerade Frauen so häufig unter Depressionen leiden. Speziell dem kleinen Mädchen wird ja immer noch beigebracht, brav und fügsam zu sein, und später dann wird eine aggressive Frau als »unweiblich« empfunden. Und »unweiblich« zu erscheinen, fürchten manche Frauen mehr als alles andere auf der Welt.

Der erste Schritt zur Besserung deiner Depressionen liegt darin, zu akzeptieren, daß du Aggressionen hast. Das ist gar nicht so einfach, denn der Depressive sieht sich ja so gerne in der Opferrolle, als Unschuldslamm unter lauter bösen Wölfen. Als nächsten Schritt unternimm etwas, um diese aggressiven Energien körperlich zu »verbraten«. Dynamische Meditation, Sport treiben, exzessiv tanzen, was auch immer.

Der nächste Punkt ist der schwierigste, und wenn du hier nicht allein zurechtkommst, wäre dir eine Hypnosetherapie wirklich anzuraten. *Du mußt lernen, nein zu sagen.* Sonst gehst du drauf. Ja, wir drücken das absichtlich so brutal aus, denn je öfter du ja sagst, wo du nein meinst, desto größer werden deine Aggressionen und damit deine Depressionen. Wohin schwere Depressivität führen kann, wissen wir: zu schwersten psychosomatischen Krankheiten bis hin zum Selbstmord.

Ein Depressiver lebt sich nicht selbst, sondern wird gelebt. Die meisten Menschen sind nicht autonom, sie funktionieren wie die Roboter und leben, wie »man« es eben tut. Ein Depressiver hat Angst vor Konflikten, denn streiten ist etwas, das »man« nicht tut. So nimmt er statt einer akuten Auseinandersetzung lieber den schleichenden, tödlichen Prozeß der Depression in Kauf. Denn das geht schön langsam, und man merkt nicht so schnell, welchen Preis man dafür zu zahlen hat.

Aber: Wer sagt eigentlich, daß ein »Nein« immer wütend hingeschleudert werden muß? Man kann auch nett und diplomatisch nein sagen, Hauptsache, du machst genau klar, was du nicht willst. Sag also zuerst so freundlich wie möglich nein. Wenn der andere nicht hört, sag es laut und deutlich. Und wenn es der andere immer noch nicht begreifen will, dann hau auf den Tisch, daß die Tassen hochspringen!

Du mußt dieses Neinsagen lernen, wir können es dir gar nicht eindringlich genug sagen. Laß dir durch eine Therapie helfen, wenn du es alleine nicht schaffst, aber unternimm etwas.

Suggestionen: Ich sage ja zum Leben, dazu gehört machmal ein Nein zu dem, was mich beengt. Im Leiden liegt verschleierte Freude. Mich zu freuen, liebe ich mehr, als traurig zu sein, und doch bin ich oft traurig über vergangene Freude. Dieses Unrecht läßt mich oft am Born des Lebens weilen, ehe er sich mir erschließt. Ich erkenne heute, daß Leid und Freude selben Ursprungs sind und nur Ausdruck meiner gegenwärtigen Bewußtseinsstufe. Im Leiden liegt wohlverborgene Freude, die meiner harrt. Ich erkenne, daß Gott nur mit einem zufrieden ist: dem vollkommenen Ausdruck meines Seins. Ihn zu erkennen, bin ich unterwegs. »Er« ist Liebe, in der sich Freude ausdrückt, deshalb hat er die Sonne vor sein Haus gestellt. Ich will nun eilen zu »Ihm«, wo alles seinen Ursprung hat, auf daß ich weile im Hause des Herrn immerdar.

Rauchen

Die Rauchertherapie ist die einzige Therapie, bei der wir Verneinungsformen verwenden. Wir verteufeln das Rauchen, weil es einfach nichts gibt, was das Rauchen automatisch auflösen würde. Der Wunsch des Rauchers, nicht mehr zu rauchen, wird aufgegriffen und durch Suggestionen verstärkt.

Wenn du alleine diese schlechte Angewohnheit aufgeben willst, beginne damit, daß du dir ein festes Datum setzt, zwei bis vier Wochen voraus. Jeden Tag suggerierst du dir nun, daß du ab diesem Tag nicht mehr rauchen wirst. Drei bis vier Tage vor dem festgesetzten Datum pumpe dich bitte mit Nikotin so voll, daß dir übel wird! Besorge dir in der Apotheke das (rezeptfreie) Medikament »Robinia«, das ist ein homöopathisches Mittel und garantiert ohne Nebenwirkungen. Sollten dir Trinkampullen nicht wirksam genug sein, laß dir »Robinia« mit Eigenblut injizieren. Vorsicht, wenn du ein sehr starker Raucher bist und 80 oder mehr Zigaretten am Tag rauchst. Hier kann ein plötzlicher Entzug gefährlich sein, führe die Entwöhnung nur mit ärztlicher Hilfe durch.

In der täglichen Entspannung mußt du dir nun den Wunsch suggerieren, frei von dieser Sucht zu sein. Stell dir vor, wie du eine Zigarette rauchst, und dann nimm einen dicken Pinsel und male ein großes, rotes × über dieses Bild. Das versteht dein Unterbewußtsein. Sieh dich nun lachen, strahlen und die Zigarette in hohem Bogen wegwerfen.

Rauchen, Alkohol, Tablettensucht sind große Klippen auf unserem Weg, weil sie uns in Unfreiheit stürzen. *Akzeptiere nie eine Abhängigkeit!* Du hast die Möglichkeit, von diesen Ersatzbefriedigungen, diesen dummen Angewohnheiten wegzukommen. Denn du bist frei geboren.

Suggestionen: Rauchen ist vollkommen unwichtig. Ich bin frei von dieser Unart. Ich sehe mich strahlend 10, 100 Zigaretten im hohen Bogen wegwerfen. Mein inneres Bild als Raucher streiche ich mit roter Farbe durch. Immer, wenn ich Reklame fürs Rauchen sehe, denke ich angewidert: »Pfui Teufel, ist ja schrecklich, wie kann man nur. Mit mir nicht!« Ich bin eine starke, positive Persönlichkeit, die frei ist von Abhängigkeiten dieser Art. Ich beweise mir, daß ich frei bin. Bisher hatte ich die Freiheit zu rauchen. Jetzt nehme ich mir die Freiheit, es nicht mehr zu tun. Ich weiß, daß ich stark bin. Alles, was ich wirklich will, führe ich erfolgreich zum Ziel.

Alkohol

»Alkohol ist vergiftete Muttermilch« hat einmal ein Psychologe gesagt. Wer viel trinkt, flüchtet sich aus der »harten« Realität zurück in ein Paradies, in dem es keine Konflikte gibt, wo man einfach versorgt wird. Trinker »ersäufen« ihre Probleme buchstäblich und geraten dadurch in eine Abhängigkeit, aus der sie sich nur schwer wieder lösen können. Anders als Haschisch ist Alkohol in unserer Gesellschaft eine legale Droge. 100 000 Menschen sterben in der Bundesrepublik jährlich an den Folgen von Alkoholgenuß, doch das nehmen wir so selbstverständlich hin wie die Verkehrstoten oder mißhandelte Kinder. Alkohol ist aus unserem sozialen Leben fast nicht mehr wegzudenken, und das macht es so schwierig, ihm zu widerstehen. »Trinkfest« zu sein, das gilt noch immer als Gütezeiten harter Männlichkeit, und was eine »emanzipierte« Frau ist, so will die natürlich mithalten.

Trinker versuchen, andere zum Alkohol zu animieren, um ihr eigenes Tun zu rechtfertigen. Achte einmal darauf, wer von deinen Freunden und Kollegen dich zum Trinken drängt. Je penetranter er es tut, desto abhängiger ist er selber davon, und er benutzt dich nur, um seine eigenen Schuldgefühle zu betäuben.

Falls du kein echter Alkoholiker bist, der tatsächlich ganz trocken bleiben muß, wollen wir dir hier nicht deinen Schoppen Wein oder deine Maß Bier vermiesen. *Aber achte doch einmal auf deine Trinkgewohnheiten*. Wirst du nervös, wenn um eine bestimmte Uhrzeit kein Alkohol in Sicht ist? Läßt du dich auf Partys immer wieder zu mehr Alkohol überreden, als du eigentlich trinken wolltest? Weißt du immer genau, wieviel du getrunken hast?

Alkoholabhängigkeit ist ein großes Hindernis auf deinem spirituellen Weg, denn sie stürzt dich buchstäblich in Höllen, Höllen von Gewalt, Schuldgefühlen, der Auflösung menschlicher Bindungen. Falls Alkohol für dich ein Problem ist, darfst du es nicht vertuschen. *Hör auf deine innere Stimme, auch wenn sie dir Unangenehmes sagt.* Bitte andere um Hilfe, wenn du alleine nicht zurechtkommst. Sei dir allerdings bewußt, daß *du* es in jedem Fall bist, der die eigentliche Arbeit machen muß. Aber du wirst es schaffen. Glaube an deinen Erfolg, und er ist dir sicher! Alles hat die Macht, die du ihm verleihst.

Suggestionen: Der Schöpfer hat die Schöpfung gut und sehr gut genannt, es liegt in meiner Hand, wie ich das Geschaffene anwende. Ich gehe jetzt zum Ursprung allen Seins zurück, tief in mir ist jener Kern aus nicht denkendem, reinem, bewußtem Sein. Um ihn herum baut sich alles auf, was ich »Ich« nenne. Mein Körper, mein Charakter, mein Selbst, meine Vorlieben und Eigenschaften. Vieles davon wurde mir von außen angeboten, ich habe es angenommen. Vieles davon habe ich angezogen, weil es mir diente. Jetzt bedenke ich neu den Wert und die Dienstbarkeit dieser meiner Inhalte. Ich ordne jetzt mein Verhältnis zum Alkohol neu. Gut und ungut ist oft eine Frage der Dosierung. Wenn ich glaube, daß ein Glas mir guttut und es dabei bleibt, will ich es gutheißen. Trinke ich wie unter Zwang mehr, verliere ich also meine Selbstkontrolle, dann erkläre ich Alkohol als für mich bedeutungslos. Und auf etwas, das für mich keine Bedeutung hat, kann ich verzichten.

Sexuelle Probleme

Falsch gelebte Sexualität ist Ursprung schwerer Neurosen, die oft nach dem 40. Lebensjahr zum Ausbruch kommen. Wieder wurden Gefühle nicht gelebt, weil Eltern, Gesellschaft und Kirche Sexualität als etwas Schmutziges verteufelt haben, etwas, das höchstens als Mittel zum Zweck der Zeugung ausgeübt werden darf. Naturvölker, bei denen besonders auch die jungen Mädchen ihre Sexualität frei und natürlich ausleben dürfen, kennen keine Neurosen, keine Perversionen, keine sexuelle Gewalt.

Seit Jahrhunderten redet die Kirche den Gläubigen ein, daß freie Sexualität Sünde sei. Wer aber sündigt, der erwartet, wenn auch nur unbewußt, Strafe. Doch wer sonst als Gott hat dir deine sexuellen Wünsche gegeben, diese einzigartige Quelle der Lust und der Gemeinsamkeit? Die Psychologen wissen, daß gerade *nicht* befriedigte sexuelle Wünsche zur »Sünde«, sprich Gewalt, Angst, Aggression, Isolation, führen. Wenn du sexuelle Probleme hast, stell dir folgende Frage: *Verhalte ich mich so, wie es meinen Wünschen entspricht, oder akzeptiere ich ein falsches Programm?* Jeder hat die Sexualität, die er akzeptiert.

Alle Menschen wollen anscheinend potent oder orgasmusfähig sein, doch tief in dir ist vielleicht ein ganz anderes Programm gespeichert. Da kann ein Mann Angst haben, sich »in« einer Frau zu verlieren, und bleibt deshalb lieber »draußen«. Da hat eine Frau die Vorstellung, als Hure zu gelten, wenn sie ihre sexuellen Wünsche offen äußert – und empfindet deshalb lieber nichts. Lerne, die Sprache deines Körpers zu verstehen. Was will dir dein Körper sagen mit seiner »Fehlfunktion«? Wenn du sexuelle Probleme hast, mußt *du* deine innere Einstellung zur Sexualität ändern. Dein Partner kann dir dabei helfen, aber ändern mußt du dich.

Suggestionen: In meiner Sexualität drückt sich meine Lebensfreude aus. Ich liebe die Lust, die ich mir und meinem Partner bereite. Ich akzeptiere frei und offen meine sexuellen Wünsche. Meine Sexualität öffnet mir das Tor zu einer höheren Dimension, denn sexuelle Befreiung ist auch eine spirituelle Weiterentwicklung. Meine sexuelle Energie ist die reine, machtvolle Kreativität, die mein ganzes Sein durchdringt. Der Körper ist der Tempel der Seele, und indem ich ihm Lust bereite, strömen auch meiner Seele positive Energien zu. Ich vereinige mich mit dem Höchsten, ich verschmelze mit dem Göttlichen.

Teil III:
Erfahrungen

Kapitel 1:
»Märchenhafte« Therapieerfolge

In einem Vorgespräch für eine Therapie sagte eine junge Frau: »Ich weiß nicht, woran es liegt, aber jedesmal, wenn ich das Gefühl habe, daß ich fliegen, singen oder tanzen könnte oder daß ich jemand *bin*, also jedesmal, wenn das passiert, werde ich bestraft.« Diese Vorstellung haben die meisten von uns, auch wenn wir es nicht zugeben, weil wir doch angeblich nichts dringender wollen, als glücklich zu sein. Die Angst vor dem Glück hängt mit unserer Kindheit zusammen. Jedes Kind lernt früh, den totalen Ausdruck seines Wesens zu unterdrücken. Es begreift schnell, daß es sicherer ist, die Gefühle zu dämpfen, weil es sonst nur Ärger bekommt. Wenn es glücklich ist, möchte es schreien und toben, aber das mögen die Eltern nicht so gern. Viel lieber haben sie ein »braves« Kind, das ruhig und kontrolliert ist. Das Kind verbindet also sehr früh schon sich wohl fühlen mit Ärger bekommen.

Wenn du erwachsen bist, ist diese Verbindung in dir noch wirksam, gerade weil du sie dir nicht bewußt machst. Natürlich strebt niemand willentlich nach Unglück, doch es ist auffallend, wie viele Menschen sich die Dinge immer so einrichten, daß sie sie negativ sehen können.

Du suchst zum Beispiel den idealen Partner. Was passiert nun, wenn du eines Tages den idealen Partner tatsächlich findest? Wenn du feststellst, daß du mit diesem Partner zum Mond fliegen könntest? Du gerätst in Panik! Es ist nämlich *eine* Sache, davon zu reden, daß man nichts lieber täte als zum Mond zu fliegen – und eine *andere*, plötzlich tatsächlich zum Mond fliegen zu müssen. Also richtest du es so ein, daß du an dem anderen herummäkelst, bis er nicht mehr dein Idealpartner ist. Das treibst du so lange, bis du endlich sagen kannst: Ich habe mich getäuscht, er ist doch nicht der Richtige für meinen Mondflug. Dann suchst du wieder, und das Ganze geht von vorne los.

Die Wahrheit aber ist: Du hast Angst davor, zum Mond zu fliegen, du hast Angst davor, glücklich zu sein, weil du das dumpfe Gefühl hast, dafür bestraft zu werden. Doch wenn du Angst davor hast, glücklich zu sein, nützen dir die tollsten Partner, die teuersten Kleider, das meiste Geld, die klügsten Bücher, der größte Starruhm nichts.

Wir werden oft gefragt, was die Hypnosetherapie und die Seminare eigentlich bewirken. Darauf zu antworten, ist sehr schwierig, weil es kein gemeinsames Klassenziel gibt. Jeder lernt das, was er lernen muß, um er selbst zu sein. Doch einen Nenner kann man wohl finden, der entscheidend für den Erfolg ist: *Du lernst, dir zu gestatten, glücklich zu sein*. Denn wenn du das kannst, folgen die Inhalte, die dich glücklich machen, ganz von selber.

Wir hatten ursprünglich vor, dir an dieser Stelle des Buches einige Menschen vorzustellen, die es »geschafft« haben, die durch die Therapie und mehrere Seminare gegangen sind und jetzt – für dich – ihre Erfahrung schildern. Aber dann stand wieder das alte Problem vor uns: Jeder Weg ist anders, kein Weg ist in den Auswirkungen vergleichbar. Wenn ein Dicker nach der Therapie dünn ist, so kann dir das egal sein, wenn du nicht dick bist. Wenn eine angstgeplagte Schwangere nach der Therapie eine wunderbare Geburt erlebt, so läßt dich das recht gleichgültig, wenn du ein Mann bist. Und so weiter. Da dies ein Praxisbuch ist und du auf jeder Seite etwas für dich ganz persönlich herausziehen sollst, haben wir uns für einen anderen Weg entschlossen. Wir haben drei ehemalige Patienten gebeten, uns ihren Heilungsprozeß in einem Märchen zu schildern. Hinter den Figuren dieser Märchen stehen also individuelle Personen, aber als Märchenfiguren sind sie symbolisch auf jeden Leser übertragbar. Die darin geschilderte Selbstfindung betrifft also auch dich.

Hier nun die drei Märchen:

Der Schatz am Ende des Regenbogens

Es war einmal ein alter Mann. Der lebte ganz allein im Wald in einer kleinen Hütte und war sehr, sehr unglücklich. Jeden Tag saß er auf einer Bank vor seinem Häuschen und starrte vor sich hin. Er hörte nicht, wie die Vögel sangen, er spürte den Wind nicht, der mit den Blättern der Bäume spielte, er fühlte nicht die Sonnenstrahlen auf seiner Haut, er roch den würzigen Tannenduft nicht, und er sah nicht, wie die Tiere des Waldes immer wieder zutraulich herankamen.

Er hielt den lieben langen Tag den Kopf gesenkt und dachte nach. Seine Gedanken kreisten immer nur um eine Sache. Warum, so fragte er sich wieder und wieder, warum nur war die Prophezeiung der schönen Fee nicht in Erfüllung gegangen? Dabei war der Fall doch ganz klar. Seine Mutter hatte ihm die Geschichte oft erzählt. Damals, als er vor vielen Jahren in dem tausend Jahre alten Wasserschloß in der Mitte des Waldsees geboren wurde, damals, genau eine Stunde nach der Geburt, hatte plötzlich eine Fee an seiner Wiege gestanden.

Sie hatte wunderschöne lange Haare, erinnerte sich seine Mutter. Fein und schimmernd wie Spinnweben, auf die die Sonne scheint. Und sie hatte ein Lächeln auf den Lippen, das jeden, ob Mann oder Frau, dahinschmelzen ließ. Was die Fee dann gesagt hatte, das hat sich der Mann genau gemerkt, zu oft hatte es ihm seine Mutter, die nun natürlich längst gestorben war, wiederholen müssen. »Am Ende des Regenbogens liegt ein großer Schatz für dich.« Genau diese Worte hatte die Fee zu dem Säugling gesprochen. Dann war sie verschwunden.

Kaum war er alt genug, hatte der Mann auf der ganzen Welt nach diesem Schatz geforscht. Er war von Land zu Land gereist, hatte in den Bergen nach Edelsteinen, in den Flüssen nach Gold gesucht, und er war nach versunkenen Schiffen auf den Meeresgrund getaucht. Es war ein wildes, abenteuerliches Leben gewesen, voller Ungeduld und Gier. Doch den Schatz, nein, den hatte er nie gefunden. Er war arm wie eine Kirchenmaus geblieben, und sein Erbe, das schöne Wasserschloß, fiel an seinen jüngeren Bruder, weil er sich nie darum gekümmert hatte.

»Am Ende des Regenbogens, so ein Unsinn!« pflegte er regelmäßig am Ende seiner Grübeleien zu sagen und mißmutig in die Hütte zurückzustapfen, um sich schlafen zu legen.

So lebte er dahin, bis eines Tages etwas geschah. Es hatte tagelang geregnet, doch plötzlich war mit Macht die Sonne durchgebrochen, obwohl es noch etwas nieselte. Der alte Mann saß mal wieder mit gesenktem Kopf vor seiner Hütte und zertrat wütend eine kleine

Blume. Doch plötzlich veränderte sich das Licht, und der alte Mann schreckte auf. Und da sah er es. Ein riesiger Regenbogen spannte sich über den Wald, hoch über die höchsten Wipfel der Bäume. Ein Regenbogen in den schönsten Farben, so prächtig, wie er es noch nie gesehen hatte. Und das Ende des Regenbogen zeigte genau auf ihn.

Ja, der alte Mann saß direkt am Ende des Regenbogens.

Da kam ihm die Erleuchtung. Der Schatz am Ende des Regenbogens, das war er selber!

Der alte Mann begann zu weinen. Er ging in seine Hütte und weinte drei Tage und drei Nächte lang.

Dann trat er wieder heraus. Er holte tief Luft und spürte, wie das Leben in ihn zurückströmte. Er fühlte sich um Jahrzehnte jünger. Er sah auf den Boden und bemerkte einen kleinen Käfer, der auf den Rücken gefallen war. Er bückte sich und drehte ihn behutsam herum. Dann blickte er hoch und nahm wahr, daß der Himmel leuchtend blau war.

Da wußte er, daß ein langes, glückliches Leben vor ihm lag.

Die dicke Riesin

Es war einmal an einem fernen, eigentlich unbedeutenden Ort eine Riesin. Diese Frau war stark, intelligent und dick. Alle Leute fürchteten sie – und das machte sie traurig. Jahrelang lebte sie so und ertrug die Traurigkeit und den Schmerz mit der ihr so vertrauten Stärke. Doch plötzlich, ihr schien es wie über Nacht, konnte sie es nicht mehr aushalten. Sie bekam unvorstellbare Angst. Aus dieser Angst entstand der Drang, sich auf die Suche zu machen, um irgendwo Hilfe zu finden. So machte sie sich auf die Wanderschaft. Sie ging tagelang, monatelang über Stock und über Stein, bei Regen und Sonne, bei Nacht und am Tage. Ihr Drang war so stark, daß sie keinen Schlaf fand. Immerzu mußte sie suchen.

Eines Tages kam sie an ein Haus im tiefen, dunklen Wald. Sie klopfte, denn sie war vor Hunger und Durst kaum noch lebensfähig. Nach alter Manier versuchte sie die Leute einzuschüchtern, doch – Schreck – die hatten ja gar keine Angst vor ihr. Na ja, dachte sie, so ganz glaub' ich euch ja nicht. Ihr seid nur zu feige, um eure Angst einzugestehen, und denkt vielleicht »Wer wagt, gewinnt«, oder ähnlichen Kram.

Doch dann kam es noch schlimmer: Da sagt doch plötzlich einer zu ihr: »Du, ich hab' dich lieb«, und nimmt sie auch noch ganz fest in den Arm. Jetzt geriet sie in Panik. Weg, bloß weg! Die spinnen, die sind alle verrückt, schrie es in ihr. Hier bin ich ja meines Lebens nicht mehr sicher. Doch sie stand ganz erstarrt und völlig durcheinander mit geschlossenen Augen da. Mit der Zeit, als sie mutiger wurde, blinzelte sie mal, um die Gesichter der Menschen zu sehen. Und die, die lächelten! Ja, tatsächlich lächelten die Menschen sie an. Da schienen dieser riesigen, starken Frau die Menschen etwas größer zu werden! Oder wurde sie am Ende kleiner? Ist ja auch egal.

Die Menschen gaben ihr ein Zimmer, und so blieb sie erst mal in diesem Haus. Der Trieb zu suchen war verschwunden, und sie spürte so etwas wie Hoffnung in sich. Für sie war das wie ein Zeichen des Himmels.

In den nächsten Tagen lernte sie auch die anderen Menschen kennen. In dem Haus war viel, was sie nicht verstehen konnte, aber im Lauf der Zeit gewann sie Vertrauen und spürte, daß die Menschen es gut mit ihr meinten. Sie fühlte sich wohlig warm unter den Menschen, die ihr schon wieder etwas größer schienen.

Eines Tages ging sie durchs Haus und fand in einer Ecke einen Hammer und einen Meißel. Interessiert nahm sie die fremden Gegenstände in die Hände und überlegte, wozu die wohl gut waren. Plötzlich spürte sie einen heftigen Schmerz. Sie hatte sich verletzt. Ein Stückchen ihrer rauhen, rissigen, grauen Oberfläche war abgesprungen. Sie bückte sich, um das Stück von sich aufzuheben. Die Unterseite des abgebrochenen Stücks war goldglänzend und ganz glatt, richtig schön anzusehen. Schnell sah sie an ihrem Körper nach – und tatsächlich war da jetzt auch so eine schöne Stelle. Da war sie sehr glücklich. Sie steckte das Stückchen von sich ein und nannte es Goldblättchen. Ein paar Tage lang erfreute sie sich an dem Goldblättchen, doch sie war jetzt neugierig, ob da überall unter der unschönen Oberfläche Gold war. Mutig nahm sie den Hammer und den Meißel wieder zur Hand und schlug eine neue kleine Stelle weg. Auf diese Art und Weise fand sie viele Goldblättchen, und ihre Körperoberfläche wurde kleiner, glänzender und klarer. Doch eines Tages, gerade als sie dachte: Jetzt hab' ich es geschafft!, bemerkte sie, daß die Stelle, wo ihr erstes Goldblättchen gewesen war, matt, dunkel und trübe geworden war. Sie erschrak, doch sie war jetzt gewohnt, an sich zu arbeiten, und so fing sie eben wieder von vorne an. Und das immer wieder, jeden Tag. Ja, und wenn ich mich nicht täusche, dann hämmert sie immer noch irgendwo auf dieser Welt, denn für immer kann man ja nicht im schwarzen Wald bleiben.

Die goldene Prinzessin

Es war einmal eine kleine Prinzessin. An dieser kleinen Prinzessin war alles golden. Die Haare waren golden, die Augen waren golden, die Haut war golden, und die Kleider, die sie trug, waren golden. Aber auch ihr Vater, der König, war von oben bis unten golden, und genauso ihre Mutter, die Königin. Überhaupt war alles golden in dem ganzen Königreich. Die Berge, die Flüsse, die Wälder, die Seen. Es gab keine andere Farbe. Die kleine Prinzessin war sehr glücklich. Sie spielte den ganzen Tag mit goldenen Reifen, kleinen goldenen Kanarienvögeln und pflückte goldene Blumen. Wie gesagt, die kleine Prinzessin war sehr glücklich. Allerdings nur, solange es Tag war. Wenn es Abend wurde und die Sonne unterging, wurde die Prinzessin jedesmal von einer großen Traurigkeit befallen. Sie wurde immer trauriger und unglücklicher, je mehr es dunkelte, und jede Nacht lag sie weinend und zitternd vor Angst in ihrem Bett. Ihre Eltern, der goldene König und die goldene Königin, hatten schon alle Ärzte in ihrem Königreich befragt, was ihrer Tochter fehlen könnte, aber keiner wußte eine Antwort.

Eines Tages nun, als die kleine Prinzessin im Sonnenschein im Gras saß und sehr glücklich war, kam eine Schlange angekrochen. Die kleine Prinzessin hatte keine Angst vor Schlangen. Das einzige, was ihre höchste Verwunderung weckte, war, daß die Schlange nicht golden war wie alle anderen Dinge um sie herum, sondern schwarz. »Wie siehst du denn aus!« rief die Prinzessin. »Guten Tag, kleine Prinzessin«, sagte die Schlange. »Es stimmt, ich sehe anders aus als alles andere. Ich komme zu dir, weil ich gehört habe, daß du immer sehr unglücklich bist, wenn es Nacht wird. Ich glaube, ich kann dir helfen. Du mußt aber mit mir kommen. Wir werden eine kleine Reise machen. Du wirst dabei allerlei wunderliche Dinge sehen, aber ich verspreche dir, daß alles gut wird und du am Ziel der Reise etwas finden wirst, was dich für immer glücklich macht.« »Auch nachts?« fragte die kleine Prinzessin. »Auch nachts«, bestätigte die Schlange. »Komm, setz dich auf meinen Rücken.« Die kleine Prinzessin setzte sich auf den Rücken der Schlange, und schon zischte die so schnell davon, daß ihr Hören und Sehen verging.

Die Schlange schoß in einen See, und das ging so geschwind, daß die Prinzessin nicht einmal Zeit hatte zu schreien. Die Schlange sank mit der Prinzessin immer tiefer unter das Wasser. Bald hörte das Rauschen in den Ohren auf, und die Prinzessin konnte die Augen aufmachen. Was es da alles zu sehen gab! Wunderschöne Blumen in den leuchtendsten Farben wiegten sich in der Strömung, und Schwärme von schillernden Fischen zogen an ihnen vorbei. Doch je tiefer die Schlange sank, desto größer wurden die Pflanzen und Fische, jetzt legten sich glitschige Fangarme um den Körper der Prinzessin, und riesige offene Mäuler kamen auf sie zu. »Ich habe Angst!« schrie die Prinzessin. »Wir sind gleich da«, sagte die Schlange, und schon stieß sie wieder an die Wasseroberfläche. Sie schwamm an Land, und plötzlich saß die Prinzessin auf der Erde.

Vorsichtig öffnete sie die Augen und riß sie dann erstaunt auf. Hier sah es ja ganz anders aus als bei ihr zu Hause. Kein bißchen von der leuchtenden goldenen Farbe, die sie kannte. »Was ist denn das?« fragte sie die Schlange angstvoll. »Hier ist eigentlich alles genauso wie in deinem Königreich«, antwortete die Schlange. »Nur daß hier anstatt golden alles silbern ist. Es gibt hier auch eine kleine Prinzessin, nur daß sie eben silbern ist.« »Hat sie auch so wie ich im Dunkeln Angst?« fragte die kleine Prinzessin. »Nein, die silberne Prinzessin ist glücklich, wenn es Nacht ist, sie ist traurig und hat Angst, wenn es Tag ist. Aber schau, da kommt sie schon.« Die goldene Prinzessin sah auf – und staunte. Da kam eine kleine Prinzessin auf sie zu, die ganz genauso aussah wie sie selbst. Aber sie war von oben bis unten silbern.

»Ihr müßt immer zusammenbleiben«, sagte die Schlange. Da sahen sich die goldene und die silberne Prinzessin tief in die Augen, und dann umarmten sie sich. Und auf einmal waren nicht mehr zwei

Prinzessinnen da, sondern nur noch eine. Und die war golden und silbern zugleich und war am Tag so glücklich wie in der Nacht. Und die Welt um sie herum war plötzlich voller bunter Farben.

Kapitel 2:
Die häufigsten Fragen an den Therapeuten und die Antworten

1. Wohin soll ich auf dem Wege zur Harmonie mit meinen Aggressionen? Ich möchte sie nicht einfach verdrängen.

Stell dir einen Raum vor, in dem vollkommene Dunkelheit herrscht, weil die Maurer die Fenster vergessen haben. Wie bekommst du Licht in diesen Raum? Vielleicht läufst du mit einem Sack in den Raum hinein, fängst die Dunkelheit ein und trägst sie hinaus. Nach tausend Säcken merkst du, daß da etwas nicht stimmt. Jetzt kommst du auf die Idee, es umgekehrt zu machen: Du fängst draußen das Sonnenlicht ein und trägst es in den Raum hinein. Nach ein paar hundert Säcken erkennst du, daß das auch nicht funktioniert. Nun kommt jemand, der ist klüger als du. Der strengt seinen Kopf ganz gewaltig an, und dann schreibt er mit Kreide in dem dunklen Raum das Wort »Licht« an die Wand. Das ist schon ganz gut, das kommt der Sache schon näher. Aber dunkel ist es immer noch. Und da ist schließlich einer, der sagt: »Ihr Trottel« – und knipst das elektrische Licht an. Da ist die Dunkelheit weg. Er hat nicht die Dunkelheit bekämpft, er hat sich gar nicht um die Dunkelheit gekümmert, er hat einfach das Gegenteil der Dunkelheit, nämlich das Licht, realisiert. Genauso ist es mit Unwissenheit oder, profaner ausgedrückt, mit Dummheit. Auch sie ist erst beendet mit der Erleuchtung des Individuums.

Ebenso ist es mit der Harmonie und der Aggression. Das Schlechteste, was du machen kannst, ist, deine Aggressionen zu bekämpfen. Druck erzeugt Gegendruck. Wenn du dich durch geeignete Praktiken bemühst, in Harmonie zu kommen, so müssen die Aggressionen automatisch verschwinden, weil Aggression das Gegenteil von Harmonie ist. Wenn man in Harmonie ist, erübrigt sich die Frage: Wohin mit den Aggressionen, so wie sich die Frage erübrigt, was man mit der Dunkelheit machen soll, sobald man das Licht eingeschaltet hat. Wahrscheinlich wirst du nicht so schnell in vollkommene Harmonie versetzt, wie du einen dunklen Raum erleuchtest, dennoch: Kümmere dich nicht um deine Aggressionen, kümmere dich um das, was du erreichen, was du in dich hineinlassen willst. Wenn du eine positive Suggestion aufnimmst, dann ist sie, durch die ganz normale Anhäufung von »Mist«, den wir in uns haben, zunächst tatsächlich ein Tropfen auf einem heißen Stein. Deshalb sagt die moderne Psychologie, daß das ja gar nichts nützen kann. Aber der Tropfen auf dem heißen Stein wird bestimmt irgendwann einmal zu einem Tropfen, der den Stein höhlt, wie wir schon einmal gesagt haben.

Also, Aggression löst sich von alleine auf durch das Schaffen von Harmonie, weil Harmonie das Gegenteil von Aggression ist. Genauso wie Aggression automatisch Harmonie zerstört. Du mußt dafür sorgen, daß das, was du möchtest, in dir 51 Prozent Stimmrecht hat. Besser wären natürlich 98 Prozent, bei 51 Prozent dauert es lange, bis etwas daraus wird, aber immerhin, es ist die Mehrheit und somit ein Anfang.

2. Was ist Gott?

Der Versuch einer Definition ist müßig, niemand ist in der Lage, diese Größenordnung, die absolut jenseits unseres Begriffsvermögens ist, zu umreißen, zu umfassen. Alles, was wir darüber wissen, trennt uns von Gott, und eine Definition wäre im Grunde nichts anderes, als auf Wissen zurückzugreifen. Wenn wir die Größe, die wir Gott nennen, definieren, können wir sie nicht finden. Und der, der die Größe, die wir Gott nennen, gefunden hat, kann sie nicht definieren. Er wird glänzende Augen haben, er wird strahlen, er wird erleuchtet sein, er wird dich umarmen, er wird Wunder vollbringen können. Aber das in unseren Augen Einfachste von der Welt wird er nicht tun können, nämlich sagen, was Gott ist. Wenn du niemals etwas Süßes gegessen hast, wird dir niemand erklären können, was das ist: süß. Wenn du dich niemals in den Finger geschnitten hast, kann dir niemand erklären wie sich das anfühlt. Jemand kann dir nur ein Messer in die Hand geben und dir viel Glück wünschen. Die Erfahrung mußt du selber machen, es geht nicht anders. Es gibt Bereiche, wo der Intellekt seine Grenzen erreicht, und bei der Größe »Gott«

ist diese Grenze absolut, und sie wird es für die nächsten Millionen Jahre bleiben.

Keine Definition, aber eine schöne Umschreibung ist: Gott ist kreative Intelligenz. Gott ist nicht denkendes, reines, bewußtes Sein. Wenn du wirklich mehr über Gott wissen willst, dann such ihn. Aber such ihn nicht zu lange an falschen Plätzen. Such ihn in dir, er ist in dir, er ist auch in deinem Nachbarn, er ist auch in einem Auto, in einem Flugzeug, ja er ist auch dort. In dem Selbsterfahrungsbuch *Zen und die Kunst, ein Motorrad zu warten* schreibt Robert M. Pirsig ganz richtig: »Flucht vor der Technik, der Haß auf sie, ist selbstzerstörerisch. Die Gottheit wohnt in den Schaltungen eines Digitalrechners oder dem Zahnrad eines Motorradgetriebes ebenso bequem wie auf einem Berggipfel oder im Kelch einer Blüte. Wer das nicht wahrhaben will, erniedrigt Gott und sich selbst.«

Gott ist eine Größenordnung, die auf der prinzipiellen, universellen Ebene aktiv ist. Und wir sind Größenordnungen, die auf der speziellen, individuellen Ebene aktiv sind, aber wir sind identisch mit dieser Intelligenz. Es gibt außer Gott nichts. Auch nicht das Böse. Aus der Perspektive der Raum- und Zeitlosigkeit verschmelzen die Gegensätze zu einer *Ein*sicht. Es gibt in der Schöpfung nichts, was sich gegen die Schöpfung richtet. Gott ist die Schöpfung, er hat sich in der Schöpfung ausgedrückt. Da gibt es nur eins, nicht zwei.

3. Auf der einen Seite soll man loslassen, geschehen lassen, auf der anderen klare Ziele setzen. Ist das nicht ein Widerspruch?

Nein. Du sollst ein klar definiertes Ziel haben und dann sagen: Gott in mir tut die Werke. Ich habe dieses Ziel, ich habe diesen Wunsch, und ich weiß, daß der, der mir diesen Wunsch gegeben hat, mir auch die Kraft gab, ihn zu verwirklichen. Und daß Gott, diese kreative Kraft, zu mir und durch mich spricht durch meine Wünsche. Du sollst viele Wünsche haben, auch im materiellen Bereich, und du sollst viel investieren in die Verwirklichung dieser Wünsche. Damit du erkennen kannst, was ihre wahre Natur ist, nämlich *maya*, das heißt Illusion – daß es nur deine Vorstellung ist, du wärst nach der Verwirklichung eines Wunsches glücklich und am Ziel. Doch die

Erfahrung der Menschheit lehrt, daß ein Mensch, der sich seine Wünsche erfüllt hat, nach neuen Ufern Ausschau hält, und dieses Spiel wiederholt sich immer wieder. Die Evolution vollzieht sich nicht unter Umgehung der Materie, sondern durch die Materie. Also wünsche dir alles, was du haben willst, Häuser, Autos, Pelzmäntel, Schmuck. Du wirst schon sehen, was passiert, wenn alle Wünsche erfüllt sind. Bitte versteh dieses »Du wirst schon sehen« aber nicht als Drohung, nur weil dieser Satz in deiner Kindheit so oft verwendet wurde. Versuch also nie, deine Wünsche zu unterdrücken, sonst wirst du immer das Gefühl haben, etwas zu versäumen. Du wirst frustriert sein und andere beneiden, die sich ihre Wünsche erfüllen, und daraus wird Aggression. Deine Wünsche sind dann nur verdrängt, anstatt überwunden.

Die östliche Philosophie, nach der es notwendig ist, keine Wünsche zu haben, tritt dann sozusagen in Kraft, wenn du dir so viele Wünsche wie möglich erfüllt hast. Denn dann erst erkennst du das Spiel, das da gespielt wird, daß es eine Illusion ist, durch Wünsche zur Erfüllung zu kommen. Erst dann bist du reif für diese Erkenntnis. Außerdem wirst du, je mehr Wünsche du dir selbst erfüllst, jemand sein, der da hat. Und du weißt ja: Nur der da hat, kann geben.

Noch etwas zum »Loslassen«. Deine Ziele erreichst du nicht trotz des Loslassens, sondern gerade durch das Loslassen. Zwischen dir und der Verwirklichung deines Wunsches steht nur deine Meinung von der Diskrepanz zwischen dir und deinem Wunsch, deine Meinung über die Strecke, die da zurückzulegen wäre. Laß los, laß Gott deine Wünsche verwirklichen – und durchschau dann das Spiel. Aus der großen Energie, die du eventuell einsetzt, ist zu erkennen, welche Hindernisse, welchen Widerstand du erwartest.

4. Braucht man nicht ungeheuer viel Energie, um das Gute durchzusetzen?

Energie ist bestimmt nicht nötig. Energie ist nötig, einen Kubikmeter Sand von links nach rechts zu schaufeln. Auf der physikalischen Ebene braucht man Energie, um etwas zu bewirken. Aber im seelischen Bereich kommen metaphysische Gesetze zum Tragen, die intellektuell kaum faßbar sind. Wenn du einen Würfel teilst, so wird jeder Teil kleiner sein als der Würfel. Die Gesamtmenge dieser Teile ergibt wieder den ganzen Würfel. Wenn du aber etwas teilst, das im physikalischen Universum nicht existiert, wie Freude und Liebe, so wird es mehr. Geteilte Freude ist doppelte Freude – das ist nicht nur ein Spruch, der irgendwo einmal niedergeschrieben wurde, weil noch Platz auf dem Papier war. Das ist eine ganz tiefe Wahrheit. Durch Teilen vergrößerst du die Freude. Wenn du einem anderen deine Freude mitteilst, sind es schon zwei Personen, die an dem Sachverhalt »Freude« teilhaben. Es ist also mehr Freude im Kosmos vorhanden und nicht nur für jeden die Hälfte. Wir können den Weltfrieden nicht erreichen, indem wir mit übermenschlicher Anstrengung, mit »Energie« den Krieg bekämpfen.

Dem Krieg den Krieg zu erklären, das ist ein Wahnsinn, der sogar manchen Politikern, diesen »Geistern dritter Klasse«, wie sie ein Weiser genannt hat, bewußt wird. Mit Bomben den Frieden erzwingen zu wollen, ist nicht möglich, denn eine Bombe zieht eine andere Bombe an. Alles gedeiht nach seiner Art. Deshalb können wir den Krieg nur überwinden, indem wir ihm den Frieden erklären. Teile Gefühle und Taten des Friedens mit anderen, dann wird es mehr Frieden in der Welt geben – das ist das »Energiegesetz« des Kosmos. Lassen wir den Krieg in Frieden.

5. Kann durch Positives Denken Karma aufgelöst werden?

Das Wort »Karma« wird oft strapaziert, um die Schuld für den Mist, in dem man gerade steckt, auf das Vorleben zu projizieren. Da sagt man dann: Nein, das habe ich nicht gemacht, das ist Vorleben. Im Grunde heißt das: Damit habe ich nicht viel zu tun. Wenn du normal geboren wurdest und große Probleme hast, so hat das mit 99prozentiger Sicherheit nichts mit deinem Vorleben zu tun. Ursache und Wirkung spielen sich meist innerhalb eines Dramas ab, nicht in Zusammenhang mit Vorstellungen, die du irgendwann einmal gegeben hast. Nimm einfach das, was ist, als etwas, das du in diesem Leben angezogen, erschaffen, erzeugt hast. Versuche, die Urheberschaft der Ereignisse nicht zu reduzieren, indem du die Anfänge in ein anderes Leben abschiebst. Letztlich ist es doch egal – du warst es. Es gibt nichts anderes als Ursache und Wirkung und daß wir Alpha und Omega, Anfang und Ende zugleich sind, daß wir der Schöpfer und das Geschöpf zugleich sind. Kümmere dich um das Jetzt und Hier, dann ist alles, was du Karma nennst, mit eingeschlossen.

6. Was ist der Sinn des Lebens?

Eine schwere Frage. Die philosophisch beste Antwort ist: Der Sinn des Lebens ist der, den du ihm gibst. Doch was bedeutet das nun wieder? Der Sinn des Lebens ist, Erkenntnis zu gewinnen, und wenn du dich vor der Erkenntnis dein ganzes Leben lang drückst, kann es sein, daß im Moment des Todes, der ja nicht in Bruchteilen von Sekunden geschieht, Erleuchtung geschieht. Daß in diesem Moment des Übergangs in die Raum- und Zeitlosigkeit der berühmte Lebensfilm abläuft. Spätestens jetzt übersiehst du dein ganzes Leben, ziehst Bilanz. Du siehst genau, an welchen Stellen du dich geweigert hast, Erkenntnis anzunehmen, oder wo du einen Fortschritt gemacht hast. Du erkennst Zusammenhänge und gewinnst spätestens jetzt aus deinem Leben die fällige Erkenntnis. Wenn das geschah, sehen wir oft bei einem Toten ein ganz verklärtes Gesicht, ein lächelndes Gesicht wie das eines Engels, wunderschön. Das ist das letzte, was er dann zurückläßt auf der körperlichen Ebene, ein verklärtes, lächelndes, weiches Gesicht, und dann geht er weiter. Aber wir sollten uns nicht vorstellen, daß wir dann Buddha oder Jesus sind. Wenn dieser Raum dunkel ist und wir machen nur 5 Prozent der Lampen an, dann ist das ja auch schon eine Erleuchtung, eine relative. Erleuchtung ist kein Blitz, es ist ein langsamer Vorgang, der sich über viele Inkarnationen erstreckt.

7. Stabilisiert man mit Positivem Denken nicht nur wieder die bestehenden politischen Machtverhältnisse, indem man sich in sein eigenes Inneres zurückzieht?

Nein, ganz und gar nicht. Wer jetzt arm ist, kann reich werden, indem er seinen inneren Reichtum erschließt. Wer jetzt rechtlos ist, erlangt die ihm zustehenden Rechte wieder, wenn er innerlich aufhört, in seine Rechtlosigkeit einzuwilligen. Man könnte sogar sagen, daß keine Methode so sehr wie das Positive Denken gesellschaftliche Machtverhältnisse ändern kann, weil jeder, unabhängig von Religion, Hautfarbe, Geschlecht, politischer Einstellung zu schöpferischen Gedanken fähig ist, die alles verändern können. Jeder kann zu der Erkenntnis gelangen, daß der Geist die einzig wirkliche Macht im Universum ist. Wenn alle wissen, wo der Schlüssel zum Tresor ist, können auch alle an den Tresor gehen. Früher galt dieses Wissen als Geheimwissen, und es wurde dem Volk vorenthalten, damit es nicht zu der Erkenntnis kommt, daß es selbst etwas tun kann, um seine Lage zu ändern. Es gab – und es gibt – genug Institutionen, die ein Interesse daran haben, die Menschen dumm zu halten. Aber heute kann sich jeder das Wissen beschaffen, das er braucht.

Wenn jemand zu Unrecht Macht ausübt, so wird ihm diese Macht eines Tages genommen werden. Hat er viele Waffen, kann einige Zeit vergehen, bis gerechte Verhältnisse hergestellt sind. Es gibt immer wieder Perioden, in denen eine Minderheit eine Mehrheit unterdrückt und umgekehrt, doch wenn ein Prozeß der Befreiung im Gange ist, wird sich auch irgend etwas ändern. Natürlich hat die Geschichte andere zeitliche Dimensionen als ein Individuum, deshalb dauert so eine Veränderung nicht Tage oder Monate, sondern Jahre, Jahrzehnte, manchmal Jahrhunderte. Doch im Bewußtsein liegt der Schlüssel zur Freiheit.

8. Muß man sich auf den Wortlaut von Suggestionen sehr konzentrieren, oder erreichen sie das Unterbewußtsein eher, wenn ich sie »nebenbei« sage oder höre?

Wenn das »Nebenbei« ein gedankenloses vor sich Hinmurmeln ist, haben Suggestionen wenig Wirkung. Andererseits ist krampfhafte Konzentration, die etwas »einbleuen« will, auch nicht richtig. Du solltest einen gewissen Automatismus erreichen, aber immer versuchen, die Worte, die du sagst, bildhaft umzusetzen. Wenn du also zum Beispiel die Suggestion »Ich bin Harmonie« hast, so löse das Wort »Harmonie« in Bilder auf. Spüre ihm nach, finde heraus, was Harmonie für dich persönlich bedeutet (nicht wie sie »objektiv« zu definieren ist, denn das geht gar nicht). Laß dich in die Bilder, die bei deiner Suggestion aufsteigen, hineinfallen, korrigiere dich aber, wenn deine Gedanken abschweifen. Das ist die beste Methode.

9. Es wird immer wieder darauf hingewiesen, wie schädlich es für Kinder ist, wenn sie bezweifelt statt bestätigt werden. Aber sind Menschen, die von klein auf immer alles bekommen haben, was sie wollten – also auch Zuwendung –, oft nicht egoistisch und oberflächlich?

Affenliebe ist genauso schädlich wie Vernachlässigung. Ein Kind, das immer verhätschelt und verwöhnt wurde, ist nicht auf die Natur der Dinge hingewiesen worden. Es hat ein falsches Verständnis der Welt. Es denkt, daß es selbstverständlich ist, daß es alles hat und die anderen nichts haben. Ein verwöhntes Kind wird nicht angehalten, sich selbst etwas zu erarbeiten, und deshalb wird es auch später dazu nicht in der Lage sein. Oberflächliche und egoistische Menschen sind unbewußt, sie denken nicht über die Realität nach. Deshalb bringt ihnen das, was sie haben, Leid. Ihr Vorteil wendet sich gegen sie, wenn sie nicht das richtige Verhältnis dazu haben. Reiche Erben verlieren plötzlich ihr Vermögen, arrogante Angeber haben keine Freunde, Egoisten sind nicht glücklich in der Liebe. Eltern sollten dem Kind helfen, seine eigene Realität zu erkennen, dann wird es auch mit dem Leben zurechtkommen. Ein Kind, das alle

Wünsche erfüllt bekam, wird nicht lernen, später, wenn Papa und Mama nicht mehr für es sorgen, sich seine Wünsche selbst zu erfüllen. Und das ist die wichtigste Voraussetzung, um glücklich zu werden.

10. Kann ich mit Suggestionen und Imagination Macht über andere gewinnen, und was passiert, wenn ich das tue?

Ein Schwarzmagier, der an seine Macht glaubt, kann eine Nadel in eine Wachspuppe stechen und mit der Magie seiner Gedanken der Person schaden, die durch diese Puppe symbolisiert wird. Aber nur ein kleiner Teil seiner Energie verläßt ihn und geht zu dem anderen, der größte Teil der destruktiven Kraft bleibt in ihm und zerstört ihn selbst. Die Mystiker sagen, daß die Magier der Teufel holt. Wenn du Negatives für andere imaginierst, so schadest du also vor allem dir selbst. Du begibst dich in eine ungeheure Gefahr.

Der Wunsch, Macht über andere ausüben zu können, ist ein ganz und gar falscher Standpunkt. Wir können andere nur ändern, indem wir uns selbst ändern. Der andere reagiert automatisch in der Art und Weise, in der ich mich ihm gegenüber verhalte. Ändere ich mein Verhalten, so verändert sich seines auch. Selbst wenn du meinst, es sei zum Besten eines anderen, wenn du Macht über ihn erlangst, hast du eine falsche Einstellung. Überlasse dem anderen, herauszufinden, was für ihn das Beste ist. Du kannst niemandem mit deinen Erfahrungen helfen. Es ist unmöglich, deinem Sohn Liebeskummer zu ersparen, nur weil du selber darunter gelitten hast und weißt, wie unsinnig das ist. Er braucht diese Erfahrung vielleicht für seine persönliche Reife, so wie du deine eigenen Erfahrungen machen mußtest.

Wenn du das Gefühl hast, daß jemand auf dem falschen Weg ist, so kannst du ihm erklären, was du davon hältst – aber dann laß ihn in Ruhe. Selbst wenn er tatsächlich »ins Verderben rennt« und hinterher sagt: »Du hattest recht«, so hat er doch die Erfahrung erst einmal machen müssen. Vermeide jedes Missionieren anderer, es gibt nur eine Möglichkeit, einen anderen von der Richtigkeit deiner Lebenseinstellung zu überzeugen: Lebe sie ihm vor. Wenn er deinen Weg gut findet, wird er schon kommen und dich fragen: »Wie machst du das eigentlich, kannst du mir nicht ein paar Tips geben?« Wenn er deinen Weg ablehnt, so ist er eben nicht der richtige für ihn, und du kannst froh sein, daß du ihm nichts aufgezwungen hast.

11. Ich will nicht alle Menschen lieben. Ist es nicht auch wichtig, sich von Menschen klar zu trennen, die man nicht um sich haben mag?

Oft erkennst du bei Menschen, die du nicht magst, Charaktereigenschaften, die auch bei dir noch aktiv sind. Diese Einsicht – die übrigens sehr schwer ist – bedeutet aber nicht, daß du dich von diesem Menschen nicht trennen darfst. Trennungen sind in unserem Leben genauso wichtig wie Bindungen. Wenn du an einen Weg kommst, den du einmal gegangen bist, den du aber nicht wieder gehen willst, so hast du natürlich das Recht, in eine andere Richtung zu gehen. Das kann zu einer seelisch-geistigen und auch körperlichen Trennung führen. Beachte aber, daß der andere Mensch das Recht hat, seinen Weg weiterzugehen, weil er die Erkenntnis, die am Ende dieses Weges auf ihn wartet, braucht. Es gibt viele Wege zum Ziel, jeder Mensch ist ein Weg. Wenn Wege ähnlich sind, üben sie eine Anziehungskraft aufeinander aus; wo sie wenig miteinander zu tun haben, laufen sie ohne Berührungspunkte parallel oder auseinander. Wenn dich der Weg eines anderen nicht bereichert, entlasse ihn aus deinem Leben und bitte ihn im Geiste um Entlassung. Du wirst andere finden, mit denen du mehr Gemeinsamkeiten hast, denn gleich und gleich gesellt sich gern.

Oft verbinden wir diese Loslösung mit Aggression. Solange wir es noch nicht besser wissen, ist sie sogar hilfreich, denn sie beschleunigt die notwendige Trennung. Bei Jugendlichen, die ihr Elternhaus verlassen, können wir diese Aggression beobachten und natürlich auch bei Scheidungen. Die destruktive Energie ist das Mittel deiner Wahl, solange du noch keine höhere Einsicht hast, und so lebe deine Aggressionen aus, wenn du sie noch brauchst. Besser wäre es allerdings, den anderen in Liebe zu entlassen, anstatt ihn mit Wut aus dem eigenen Ich zu verbannen. Such dir Menschen, die dir helfen, die dich unterstützen, die dich erfreuen und für die du das gleiche tun kannst.

Jeder möchte gern Gleichgesinnte um sich haben, die seine Lebensphilosophie teilen. Das heißt natürlich nicht, daß nur *ihr* im Besitz der Wahrheit seid und die anderen mit ihrem Weg unrecht haben. Das einzusehen, fällt den meisten Menschen allerdings sehr schwer. Aber du bist Gott sei Dank nicht die meisten Menschen.

12. Nach anfänglichen Erfolgen erlebe ich immer wieder Rückschläge mit dem Positiven Denken. Was kann ich dagegen tun?

Die Rückschläge sind vollkommen normal. Das bedeutet nicht, daß du nicht schaffst, was du dir vorgenommen hast. Wenn du einmal die Erkenntnis gewonnen hast, daß du der Schöpfer deiner Erfahrungen bist, kannst du nie mehr in die vollkommene Verantwortungslosigkeit zurück. Das gelegentliche Zurückfallen in alte Verhaltensweisen ist natürlich. Wir sind phlegmatisch, es ist noch viel von der Evolutionsstufe in uns, in der wir so faul waren, daß wir nur etwas verändert haben an unserer Lage, wenn es uns zu heiß oder zu kalt war, wenn wir Hunger hatten oder Gefahr drohte. Unsere geistige Beweglichkeit ist einfach noch nicht so groß, daß wir nicht manchmal in alte Formen von Leiden zurückfallen – um aus diesem Leiden eben Erkenntnis zu gewinnen.

Manchmal verschlechtern sich die Dinge sogar dramatisch, nachdem du mit dem Positiven Denken begonnen hast! Man nennt diesen Vorgang »*Chemikalisation*«, das heißt chemische Umstimmung. Vielleicht hast du schon einmal erlebt, wie sich eine Krankheit, sobald mit ihrer Heilung begonnen wurde, zunächst noch verstärkt hat. Das gleiche passiert, wenn du heilende Gedanken in dich einläßt. Denn nicht nur Medikamente, auch Gedanken verursachen chemische Veränderungen. Doch warum nun die anfängliche Wendung zum Schlechteren? Mach dir folgendes klar: Wenn du mit dem Positiven Denken beginnst, hast du dein bisheriges Leben – das können viele Jahrzehnte sein – in falschen Gedanken gelebt. Diese Denkweise hat sich eingraviert in deinen Körper, deinen Geist, hat deine äußeren Umstände geprägt. Wenn du nun plötzlich Harmonie, Frieden, Liebe, Vergebung erstrebst, so bedeutet das harte Arbeit für dein »System«. Die neue Denkweise muß gegen die alte kämpfen, sie verdrängen, und das wiederum bewirkt eine chemische Reaktion in Körper und Geist.

Sei dir bewußt und vertraue darauf: Die alte Denkweise ist auf jeden Fall zum Rückzug gezwungen, egal, wieviel Lärm sie dabei macht. Wenn du diese Zeit des Aufruhrs in deinem Leben durchstehst, wird sich bald eine Heilung auf wunderbare Weise zeigen. Alles geht nun ganz leicht. Was du brauchst, fällt dir zu. Was du ersehnt hast, tritt einfach in Erscheinung.

Laß dich nicht ins Bockshorn jagen, wenn du Rückschläge erlebst. Bleib ruhig und gelassen, warte einfach ab, und mach dir immer wieder klar, daß diese Rückfälle ein Teil des Heilungsprozesses sind. Wenn du einen alten Fehler wiederholst, lach darüber. Es ist alles o. k. Dein Unterbewußtsein probiert nur den früheren Weg, und der hat eben eine solche Anziehungskraft, weil er so gut eingefahren ist. Er bietet sich immer wieder an, weil dein neues Bewußtsein vielleicht noch nicht genügend Standfestigkeit hat. Daran ist nichts Falsches. Kämpfe nicht gegen deine Fehler an, nimm von einem übergeordneten Standpunkt lächelnd davon Kenntnis, was geschehen ist. Du weißt: Jeder Schritt zurück ist nur der Anlauf für den Sprung nach vorn. Lächle über beide Programme, aber lächle über das neue ein kleines bißchen mehr. Ein größerer Aufwand ist nicht nötig.

13. Ich schlafe immer ein, wenn ich in Trance gehe.
Was mache ich falsch?

Nichts. Einzuschlafen, wenn man in einer bequemen Position liegt und die Augen schließt, ist einerseits natürlich, andererseits eine Flucht vor sich selbst. Das einfachste Mittel dagegen ist, sich eben nicht in diese bequeme Position, zum Beispiel die Rückenlage, zu begeben. Probiere einmal den unbequemeren Lotossitz aus, laß den Raum eher kühl, gestalte die Situation so, daß das Einschlafen erschwert oder verhindert wird. Du kannst natürlich auch auf einem Bein meditieren, dann fällst du auf die Nase, wenn du einschläfst und bleibst die folgenden Male garantiert wach! Trance bedeutet, daß man sich in einem überwachen Zustand befindet, von Schlafen kann eigentlich gar keine Rede sein. Du nimmst dann zwar auch den Raum, in dem du sitzt, nicht mehr wahr und hast kein Gefühl für die

Zeit, denn du hast das Raum-Zeit-Kontinuum verlassen. Aber dennoch ist das eine Verlust von Bewußtsein und das andere eine höhere Bewußtseinsstufe. Wenn du trotz deiner kleinen Tricks, das Einschlafen zu erschweren, doch immer wieder einschläfst, solltest du deine Widerstände gegen die Trance aufarbeiten. Vielleicht bist du zu verspannt und mußt dich vor der Trance erst durch körperliche Bewegung abreagieren. Das ist der Grund, warum in unseren Seminaren so viel getanzt wird. Freier Tanz, Jogging, dynamische Meditation bauen Spannungen ab. Entspanne. Geh, wenn du alleine nicht zurechtkommst, in ein Seminar. Wir sind sicher, daß du danach weißt, wie du besser in Trance gehen kannst.

14. *Kann man mit Suggestionen, die man sich selber gibt, den gleichen Erfolg erzielen wie mit einer Hypnosetherapie?*

Jein. Theoretisch ja, aber praktisch nein. Der Hypnosetherapeut legt in einem optimalen Trancezustand die Suggestionen in dein Unbewußtes, und das ist ein Zustand, in dem du nicht mehr in der Lage bist, Suggestionen selber zu formulieren. Tonbänder sind eine Hilfe, wenn du alleine arbeiten willst, aber hinter ihnen steht nicht das gleiche geistige Potential wie hinter einer lebenden Person. Das Tonband ist ein Echo, auf ihm sind Gedanken gespeichert, die früher einmal gedacht wurden, das erzeugt nicht die gleiche Energie. Ein Endlostonband ist eine Alternative, aber kein Ersatz für einen guten Hypnosetherapeuten.

Was ist ein guter Hypnosetherapeut? Nicht jeder, der diesen Titel trägt. Es gibt Hypnosetherapeuten, die ausschließlich nach dem alten Modell behandeln, also nur körperliche Symptome kurieren, statt mit Medikamenten eben mit Worten. Aber Symptombehandlung ist nur Symptomverschiebung. Wenn du im wesentlichen mit dem, was wir in diesem Buch geschrieben haben, und mit den beiden vorhergehenden Büchern *Kraftzentrale Unterbewußtsein* und *Hilfe aus dem Unbewußten* einverstanden bist, such dir keinen Hypnosetherapeuten, über den du gar nichts weißt. Du solltest über die Einstellung eines anderen Hypnosetherapeuten so viel in Erfahrung bringen können, wie in diesen drei Büchern steht.

Nachwort:
Vertraue der Gerechtigkeit

Gerechtigkeit für alle, heißt es allerorts. Aber wo ist sie? Wann wird die Zeit kommen, da Himmel und Erde vereint sind? Oder könnte es sein, daß wir auch hier wieder einmal den Wald vor lauter Bäumen nicht sehen? Wir haben es schon einmal in diesem Buch geschrieben: »Jeder bekommt, was er verdient, aber nur der Erfolgreiche gibt es auch zu.« In dieser Aussage liegt enorm viel Information über den Ist-Zustand unserer Welt.

Neulich kam ein junger Mann in die Praxis, um über einige für ihn wichtige Dinge zu sprechen. Eine seiner Fragen war: »Wenn wir alle Gottes Kinder sind, warum verteilt er dann die Alimente so ungleichmäßig?« Hatte der junge Mann recht mit seiner Frage? Wir glauben, nicht! Das System, jene Bewußtheit, die Urheber der Schöpfung ist, bedarf keinerlei Ergänzung, keines Rates, keiner Verbesserungsvorschläge. Das Prinzip, wie das Füllhorn über uns ausgegossen wird, ist perfekt. Denn was wäre gerechter, als daß jeder das bekommt, was er verdient? Verdient im Sinne von: Jeder bekommt das, was er erschafft. Jeder lebt in dem Universum, das er aus sich heraus erschaffen hat.

Stell dir vor, jeder auf der Welt erhielte absolut das gleiche an Wert und Menge. Welche Ungerechtigkeit! Arbeiten wir doch alle in einem unterschiedlichen Tempo, mit unterschiedlichem Wirkungsgrad, an unterschiedlichen Projekten. Der Anreiz, durch ein intelligentes, besseres Verfahren schneller zum Ziel zu kommen, ist für viele lebenswichtig. Der Faule zum Beispiel, der nur fleißig ist, weil er eine bestimmte Menge Geld braucht, würde nach diesem Verteilerschlüssel sicher sofort auf halbe Kraft zurückschalten und andere die Arbeit tun lassen.

Sollte Glück, Liebe, Geld nach Hautfarbe verteilt werden? Sollte Glück, Liebe, Geld nach religiöser Zugehörigkeit verteilt werden? Selbstverständlich nicht. Die sozialistischen Volksgemeinschaften, die die Säule der Evolution »Jedem das seine« durch den vorgezogenen Gedanken »Alle haben das gleiche zu sein« außer Kraft zu setzen suchen, erleben doch wohl ziemlich drastisch, was der einzelne noch zum Gesamtwohl beizutragen bereit ist, wenn nicht durch seine Leistung auch seine materielle Basis profitiert.

Versuch dir doch ein System auszudenken, das völlig gerecht wäre. Wir sind der Meinung, daß dies eigentlich recht einfach ist. Jeder kann an der Börse des Lebens das erhalten, wonach er verlangt, vorausgesetzt, er hat den geistigen Gegenwert mit dabei. Noch einmal: Alles hat seinen Ursprung im Geiste. Wenn du also nach Gefühlen rufst und du bist erfüllt mit großem Gefühlsreichtum, dann wird dieser innere Reichtum an Emotionen Anziehung auf seinesgleichen in der äußeren Welt ausüben. Durch das Gesetz der Resonanz wird außen so sein wie innen. Wenn du voller Ärger bist, wird das Gesetz alles ihm Entsprechende anziehen, bis zwischen innen und außen Ausgeglichenheit besteht.

Bist du erfüllt von materiellen Vorstellungen, so wirst du von den geistigen Gesetzen gezwungen werden, in deiner äußeren Welt genau das diesem inneren Wert Entsprechende zu materialisieren. Hier liegt im System die höchstmögliche Gerechtigkeit, nur so kann es sein. Alles andere wäre nicht funktionsfähig. *Doch sollten wir die zeitliche Spanne, aus der heraus wir Recht und Unrecht bemessen, etwas größer ansetzen.* Wenn ich heute krank werde, liegt der Grund dafür nicht im vorangegangenen Tag.

Meist ist hier eine Verlaufszeit von Monaten bis Jahren anzusetzen. Wir sehen mit unserer Vogel-Strauß-Politik oft nicht die Gründe und sind daher allzuleicht bereit zu sagen, es gibt sie nicht. Wir sagen dann: Diese Krankheit ist Unglück, Ungerechtigkeit, da muß wohl ein Regiefehler vorliegen. Doch wir wissen zumindest unbewußt, daß wir nach einem vollkommenen System funktionieren. Ein sich selbst erhaltendes, sich selbst erneuerndes System. Ein System, in dem durch uns das erfolgreichste Prinzip, das Leben, seinen Ausdruck findet.

Alles, was du in diesem Buch gelesen hast, will dir helfen, einmal (und vielleicht ist es für immer) den Sinn des Seins von einem anderen Standpunkt als dem gewöhnlichen zu betrachten. *Doch jetzt liegt es an dir, was du daraus machst.* Denk daran, niemals wirst du jemandem begegnen, der Theorie und Praxis schon vollständig miteinander vereint hätte. Alle sind wir gleichermaßen auf dem Wege. Du bist jetzt gemeinsam mit uns ein Stück deines Lebensweges gegangen, wir waren Reisegefährten. Vielleicht begegnen wir uns auch physisch einmal in dieser Welt. Aber das ist nicht so wichtig. Unsere geistige Verbundenheit läßt uns an einem gemeinsamen Ziel arbeiten. Auch weiterhin. Wir wünschen dir zum Abschied, daß du eines Tages diese Worte von Sri Aurobindo aus vollem Herzen, mit deiner ganzen inneren Überzeugung auf dich beziehen kannst:

Dein goldenes Licht kam herab in mein Gehirn,
Da wurden die grauen Kammern des Denkens sonnenhell.
Dein goldenes Licht fiel herab in meine Kehle,
Und all mein Reden wurde göttlicher Gesang.
Dein goldenes Licht fiel herab in mein Herz,
Überwältigte mein Leben mit deiner Ewigkeit.
Dein goldenes Licht fiel herab in meine Füße,
Meine Erde wurde dein Spielfeld und dein Sitz.

Carna und Erhard

Anschrift:
Erhard F. Freitag
Institut für Hypnoseforschung
8000 München 2
Postfach 20 13 22
Tel.: 089/55 52 84

Unsere ganz persönlichen Buchempfehlungen

Allan, Arthur: *Ich hypnotisierte Tausende.* – Sri Aurobindo: *Alles Leben ist Yoga.* – Bach, Richard: *Die Möwe Jonathan. Illusionen.* – Bhagwan: *Die verborgene Harmonie. Mein Weg der weißen Wolke. Intelligenz des Herzens. Komm und folge mir.* – Backster, C.: *Das geheime Seelenleben der Pflanzen.* – Buscaglia, Leo: *Leben, lieben, lernen.* – Castaneda, Carlos: *Die Lehren des Don Juan.* - le Cron, Leslie: *Selbsthypnose.* – Davis, Roy Eugene: *Die Technik der schöpferischen Imaginationen. Bhgavadgita. Bewußte Sterblichkeit.* – Dethlefsen, Thorwald: *Krankheit als Weg. Schicksal als Chance.* – Freitag, Erhard F.: *Kraftzentrale Unterbewußtsein. Hilfe aus dem Unbewußten.* – Fromm, Erich: *Die Kunst des Liebens.* – Gawain, Shakti: *Stell dir vor.* – Gibran, Kahlil: *Der Prophet.* – Golas, Thaddeus: *Der Erleuchtung ist es egal, wie du sie erlangst.* – Holmes, Ernest: *Die Vollkommenheitslehre. Der Schlüssel zu deinem wahren Wesen.* – Haich, Elisabeth: *Einweihung.* – Keen, Sam: *Königreiche der Liebe.* – Kirchner, Josef: *Die Kunst ein Egoist zu sein.* – Körner, Heinz C. (Hrsg.): *Die Farben der Wirklichkeit.* – Léon, Chertok: *Hypnose.* – Lützner, H.: *Wie neugeboren durch Fasten.* – Marcuse, Ludwig: *Philosophie des Glücks.* – Mulford, Prentice: *Unfug des Lebens und des Sterbens.* – Murphy, Joseph: *Die Macht Ihres Unterbewußtseins. Das Superbewußtsein.* – Roberts, Jane: *Gespräche mit Seth.* – Schicha, Ralph: *Angst vor Freiheit und Risiko.* – Pirsig, Robert M.: *Zen und die Kunst ein Motorrad zu warten.* – Schmidt, K. O.: *Meister Eckeharts Weg zu kosmischem Bewußtsein. Seneca – der Lebensmeister. Der Geist der Lebensmacht. Richtig denken – richtig leben. Gedanken sind wirkende Kräfte.* – Stearn, Jess: *Der schlafende Prophet.* – Stone, Irvin: *Der Seele dunkle Pfade.* – Taniguchi: *Leben aus dem Geiste. Die geistige Heilkraft in uns.* – Tepperwein, Kurt: *Geistheilung durch uns selbst.* – Yogananda, Paramahansa: *Autobiographie eines Yogi. Religion als Wissenschaft. Worte des Meisters. Flüstern aus der Ewigkeit.* – Sri Yukteswar: *Die heilige Wissenschaft.*

Stichwortverzeichnis

A
Abhängigkeit von Süchten 148, 157, 158
Adenauer, Konrad 137
Aggressionen
- akzeptieren 155
- Entstehung 123
- unterdrückte 148
- Zerstörung von Harmonie 172
Alkohol 148, 158f.
- Folgen der Abhängigkeit 159
- Suggestionen 159
Alter 137
Anderen helfen 127ff.
- Suggestionen 129
Angst
- Frage nach A. 152
- vor Glück 163f.
- vor Konflikten 156
- durch Kritiksuche 130
- vor Prüfungen 130f.
Antworten des Therapeuten 171ff.
Arbeitsleben 132, 134, 137, 138
- Arbeitslosigkeit 138
- Lernen 140
- Pensionierung 136
Arbeitslosigkeit 138f.
- Suggestionen 140
Arbeitsplatz, Atmosphäre am – 134f.
Atemübung 47, 55
Atmung 47

B
Backster, C. 13
Befürchtungen 23
Beruf
- Änderung des B. 132
- Erfolg im B. 133
- Weiterlernen im B. 132
- Suggestionen 134
Bestrafung 93
Betriebsklima, schlechtes 134f.
- Suggestionen 136

Bewußtsein 13, 19, 20ff., 26
Biedermann, Klaus 55
Bildersprache 21, 29, 50, 89, 149, 178
Buddha 122, 177

C
Chance zur Weiterentwicklung 94
Chemikalisation 181
Cousins, Norman 79

D
Dankbarkeit 25
Denken 29
- bewußtes 21ff.
- positives 181
- richtiges 24
- schöpferisches 141
Depressionen 155f.
- endogene 155
- exogene 155
- Projektion 155
- Reflexion 155
- Suggestionen 156
Disharmonie, seelische 119, 148f., 154
Dynamische Meditation 68, 152
(s. a. Meditation)

E
Ego, Egoismus 31, 40
Ehekonflikte 112
- Chance zur Wandlung 113
- Suggestionen 114
Ehescheidung 115f., 180
- Suggestionen 117
Einheit, geistige 23
Einsamkeit 117
- Suggestionen 119
Einstein, Albert 51, 59
Eltern, schwierige 107ff., 110ff., 180
- Probleme in der Ehe 111

Elternhaus
- Disharmonie im E. 110f.
- negative Suggestionen 111

Emerson 41
Energie, destruktive 180
Energiefeld 40f.
Entfaltung der Persönlichkeit 136f.
Entscheidungen, wichtige 141f.
- Suggestionen 142

Entspannung 43f., 46f., 55, 60, 62 (s. auch Tiefenentspannung)
- Grundübung 44

Entspannungstechnik 53
Erkenntnis 94
Erleuchtung des Individuums 171
Erste-Hilfe-Atmung 131
Erziehung 108, 109, 125
- Suggestionen 109f.

F
Faktor »Zeit« 82
Fluchtreflex 12
Fragen an den Therapeuten nach
- Aggressionen 171
- Energie für das Gute 175
- Fehler bei Trance 182
- Gott 172
- Harmonie 171
- Kindererziehung 178
- Loslassen 173, 174
- Macht durch Suggestion und Imagination 179
- Menschenliebe 180
- positivem Denken und politische Macht 177
- Rückschlägen im positiven Denken 181
- Sinn des Lebens 176
- Suggestionen und Hypnosetherapie 183
- Suggestionen und Unterbewußtsein 178
- dem Ziel 173

Freude 175
Frieden 175, 182

G
Geburt 103
- posthypnotische Suggestion 104
- Hypnosetherapie 105
- Väter bei G. 105
- Suggestionen 105
- und Tod 143

Gedächtnis
- visuelles 51

Gefahr 109
Gehirn 50f.
Geist 40, 41
Geisteskrankheit 120
Geld ausgeben 146
- schätzen und verdienen 147

Genußfähigkeit 74
Gerechtigkeit 185f.
Gestein 13
Gesundheit 25, 122
Gibran, Kahlil 39, 102
Glaube 53f., 86, 122
Golas, Thaddeus 42
Gott 172, 173

H
Harmonie 78, 83, 136
Haß 122ff.
- Objekt von H. 123
- Suggestionen 124

Heilungsprozesse 164ff.
Hilfe zur Selbsthilfe 129
Hilton 22
Hören 66f.
Hypnose, Hypnosetherapie 26ff., 44, 101, 183
- vor Prüfungen 131
- Sinn 26
- Wirkung 164

I
I Ging 142
Imagination 48ff., 81
Inkarnation 177
Intuition 59–62
- Übung 60

J
Ja sagen 155
Jesus 122, 177
Jugendliche 110f., 180
- und Eltern 110ff.
- Suggestionen 112

Jung, C. G. 143

K

Kant, Immanuel 99
Kast, Verena 144
Kekulé, August 50, 51
Kinder 73, 77, 100f., 103f., 130, 152, 155, 163
- Affenliebe zu K. 178
- als Blitzableiter 111
- Individualität 108
- Spiegel des Elternhauses 107
- Scheidungskinder 110
- Schulschwierigkeiten 105f.
- schwierige 107ff.
- Vernachlässigung von K. 178
Komplimente 75f.
Körper, Warnsignale des 148
Körperbehinderung 93
Kosmische Reise 55
Kosmisches Bewußtsein 81
Kosmisches Gesetz 81
Kosmos 81
Krankheit 119f., 186
- Beschäftigung mit K. 25, 79
- und Glaube 122
- Krankenhausaufenthalt 120
- Suggestionen 122
- Ursprung 119, 120
Krieg 175

L

Lachen 79
Lebenssituationen 89, 92f., 95
Leboyer, Dr. med. 104
Leersein 19
Leiden 94, 181
Leitgedanken
- für einen Monat 90
- fürs Wochenende 87
Lernschwierigkeiten 106f.
- autogenes Training f. Kinder 106
Liebe 98f., 124, 182
- unglückliche, Loslösung 99
- Suggestionen 100
Lilly, John C. 15
Lin-Chi 122
Loslassen 149, 173, 174

M

Märchen
- Die dicke Riesin 166f.
- Die goldene Prinzessin 168f.
- Der Schatz am Ende des Regenbogens 164f.
Marcuse, Ludwig 34
Materie 19, 39, 41
- unbelebte 12f.
Materieller Wohlstand 146
maya 173
Meditation 41, 55–58, 121
Milton, John 145
Minderwertigkeitskomplex 53
Missionieren, Vermeiden von 179
Mitleid 128
Murphy, Dr. Joseph 85, 92, 110, 121, 125, 134, 137, 145, 150

N

Nahrung, geistige 150
Napoleon 22
Negativität 125f.
- Suggestionen 126
Nein sagen 155, 156
Neurosen 121, 159
Notizbuch-Methode 46

O

Opfer 93f.
Opferrolle 113
Ordnung 83f., 86
- als Heilkraft 83
Organische Fehlfunktion 121

P

Paracelsus 122
Partnersuche 95f.
- Suggestionen 97
Peale, Norman Vincent 128
Pensionierung 136
- Suggestionen 138
Pflanzenreich 13f.
Phasen der Hypnose 27
Pin-up-Meditation 150
Pirsig, Robert M. 173
Politiker 175
Ponder, Catherine 59, 115
Positives Denken
- und Machtverhältnisse 177
- Rückschläge 181

Probleme 61f., 128, 149, 154
- als Botschaft 149
Prüfungsangst 130f.
- Entspannungstraining 131
- Hypnosetherapie 131
- Suggestionen 132
- vertrauensbildende Maßnahmen 130
Psychosomatik 120
Psychosomatische Krankheiten 155

Q
Quimby, Phineas 107

R
Raubbau an Gesundheit 148
Rauchen 148
Rauchertherapie 157f.
- Suggestionen 157
Regressionstechniken 25, 101
Reichtum 145f.
- Suggestionen 147
Rhythmus, eigener 137
Roberts, Jane 67
Robinia (Medikament) 157
Rudolf-Steiner-Schulen (Waldorfschulen) 106

S
Schlaflosigkeit 153f.
- chronische 153
- Schlaftabletten 153
- Suggestionen 154
- Ursachen 153
Schlankheit 150
Schulen 106
Schulmedizin 121
Schulschwierigkeiten 105ff.
- Suggestionen 107
Schwangerschaft 101
- Visualisierung 102
- Selbstentfaltung durch S. 103
- Suggestionen 105
Selbstbewußtsein 27, 54
Selbstentfaltung
- durch Schwangerschaft 103
Selbsterkenntnis 71
Selbstfindung 164

Selbsthypnose 44
Selbstmord 155
Selbstmordabsichten 128
- Erpressung mit S. 128f.
Selbstvertrauen 54
Seminare, Wirkung der 164
Sexualität
- und Kirche 160
- Probleme mit S. 159
- Suggestionen 160
Shinn, Florence 37
Sinn des Lebens 176, 186
- Erkenntnis 176
- Erleuchtung 176
Situation, neue 11f.
Somnambulbereich 28, 44
Sonnengeflecht (Solar-Plexus) 45, 46
Spielen 40
Spruch des Tages 90
Sri Aurobindo 15, 124, 187
Sterben 143f.
Streß
- destruktiver 151
- gesunder 151
- Suggestionen 152
Suggestion 24f., 26, 28ff., 97f.
- entspannter Zustand 28
- Bejahung 29
- negative 155
- posthypnotische 104
Suggestionen bei
- Alkoholabhängigkeit 159
- Arbeitslosigkeit 140
- Berufswechsel 134
- Betriebsklima, schlechtem 136
- Depressionen 156
- Ehekonflikten 114
- Ehescheidung 117
- Einsamkeit 119
- Entscheidungen, wichtigen 142
- Erziehung schwieriger Kinder 109
- Geburt 105
- Haß 124
- Hilfe für andere 129
- Jugendlichen mit schwierigen Eltern 112
- Krankheit 122
- Liebe, unglücklicher 100
- Negativität 126

- Partnersuche 97
- Pensionierung 138
- Prüfungsangst 132
- Rauchern 157
- Reichtum 147
- Schlaflosigkeit 154
- Schulschwierigkeiten 107
- Schwangerschaft 105
- sexuellen Problemen 160
- Streß 152
- Tod 145
- Übergewicht 151

T
Tablettensucht 148
Tagesprogramm 85
Therapeut (s. Fragen an den Therapeuten)
Therapieerfolge 163 ff.
Tiefenentspannung 44, 152
Tierreich 14 f.
Tips zur Genußfähigkeit 74 f.
Tod 93, 143 f.
- Erlebnis des T. 143, 144
- Geburt und T. 143
- Suggestionen 145
Trance 46
- von der Entspannung zur T. 46 f.
Trauerarbeit 144
Trinker 158
Trinkgewohnheiten 158

U
Überforderung, permanente 151
Übergewicht 148, 149
- Suggestionen 151
Übungen
- in der Gruppe 68–70
- mit Kindern 73
- mit Partner 72 f.
Übungsanleitungen (s. a. Übungen)
- zur Entspannung 45
- zur Gegenwartsbewältigung 64, 65
- zur Imaginationsfähigkeit 48, 49, 50
- für intuitive Kraft 60
- Paketübung 62
- gegen Probleme 61 f.
- zur Selbsterkenntnis 71
- zum Spielen 40 f.
- zur Trance 46 f.
- zum Verzeihen 71
- um ein visuelles Gedächtnis 51
Unbewußtheit 150
Unterbewußtsein 50, 52, 60, 86, 89

V
Vegetative Dystonie 148
Verantwortung 93, 94
Vertrauen 53 f., 109, 185 f.
Verzeihung 88 f., 101, 182
Vorgesetzte 76

W
Waldorfschule 106, 108
Weisheit des Innern 142
Wichtigkeit von Aussagen 77
Widerstand 38

Y
Yoga 42
Yogananda 12, 81, 138

Z
Zeitprogramm 84
Zen 42
Zen-Übung 66
Zielvorstellung 22
Zufall 142